Lo que Robinson Crusoe le contó a Lolita

Grupo ROBIN BOOK
Barcelona - México
Buenos Aires

Lo que Robinson Crusoe le contó a Lolita

Anécdotas y curiosidades literarias

Ana Andreu Baquero

MA NON TROPPO

MA
NON
TROPPO

UN SELLO DE EDICIONES ROBINBOOK
Información bibliográfica
C/ Industria, 11 (Pol. Ind. Buvisa)
08329 - Teià (Barcelona)
e-mail: info@robinbook.com
www.robinbook.com

Diseño de cubierta: Regina Richling

Fotografía de cubierta: © iStockphoto/Gianluca Fabrizio

Coordinación editorial: DH Contenidos y servicios editoriales

ISBN: 978-84-96924-86-4
Depósito legal: B-24.275-2010

Impreso por S.A. DE LITOGRAFIA,
Ramón Casas, 2 esq. Torrent Vallmajor,
08911 Badalona (Barcelona).

Impreso en España - *Printed in Spain*

Índice

Introducción

La necesidad de curiosear en la vida íntima de los demás es, y será siempre, algo inherente al ser humano. Aunque por lo general nos cueste reconocerlo, todos nosotros, en mayor o menor medida, sentimos un impulso morboso por descubrir las debilidades de nuestros semejantes, escarbar en sus secretos o destapar sus historias más frívolas o picantes. El mundo literario es un buen caldo de cultivo para fomentar este gusto por las flaquezas ajenas, principalmente porque desde el principio de los tiempos los artistas, y de modo particular los literatos, han formado parte de una especie de elite inalcanzable y muchas veces incomprensible para el resto de los mortales. Los escritores son, en ocasiones, personas dotadas de un gran ingenio e incluso de un agudo sentido del humor, pero en muchos casos se trata también de personas excéntricas o atormentadas, cuyos comportamientos nos desconciertan y escandalizan. Son precisamente este tipo de vivencias personales e íntimas (traumas, miedos o enfermedades) las que, a menudo, han hecho de ellos lo que son, personas con un talento especial para expresar por escrito los temores e inquietudes que todos compartimos.

Este libro nace con la intención de recopilar algunas de las anécdotas y curiosidades más jugosas relacionadas con el mundo de la literatura, tanto las que guardan relación con las grandes obras universales como las que hacen referencia a sus autores. En unos casos se tratará de situaciones disparatas o citas desternillantes, en otros de relatos escabrosos o rencillas y disputas casi infantiles entre escritores de gran prestigio. Sin embargo, el fin último de esta obra es el de entretener, divertir y ofrecer una visión lúdica del mundo literario, de manera que pueda ser leído tanto por lectores incansables y apasionados, como por aquellos que simplemente aspiren a pasar un rato divertido. Y, ¡quién sabe!, tal vez, consiga incitarnos a la lectura de una obra o autor que nunca nos había llamado la atención, o para redescubrir nuestros libros o escritores favoritos desde una perspectiva diferente.

Los Grandes Clásicos de la literatura universal

Los grandes clásicos de la literatura universal

Los Grandes Clásicos de la literatura universal

El séptimo mandamiento *(La Biblia)*

Sin lugar a dudas la Biblia es, junto con el Corán, uno de los libros más influyentes de la historia de la literatura pero, a diferencia de este último, también uno de los más complejos desde el punto de vista de su elaboración. Mientras que el libro sagrado de la religión musulmana fue redactado exclusivamente por Mahoma, la Biblia tardó mil seiscientos diez años en completarse, el equivalente a sesenta generaciones, e intervinieron, por lo menos, cuarenta personas diferentes en su confección, entre las que se cuentan reyes, campesinos, poetas y pescadores. Además, debido a las innumerables traducciones y ediciones que se han realizado a lo largo de los siglos, existen una gran cantidad de versiones con diferencias más que sustanciales entre ellas, algo poco común en un libro sagrado. No obstante, tal vez la mayor peculiaridad de la Biblia estriba en uno de los muchos récords que ostenta: el de ser el libro más robado en las librerías del mundo entero. Aunque pueda resultar chocante, tal vez debamos mostrarnos comprensivos con los infractores. Probablemente, todavía no hayan tenido ocasión de leer el séptimo mandamiento de la ley de Dios que dice «no robarás».

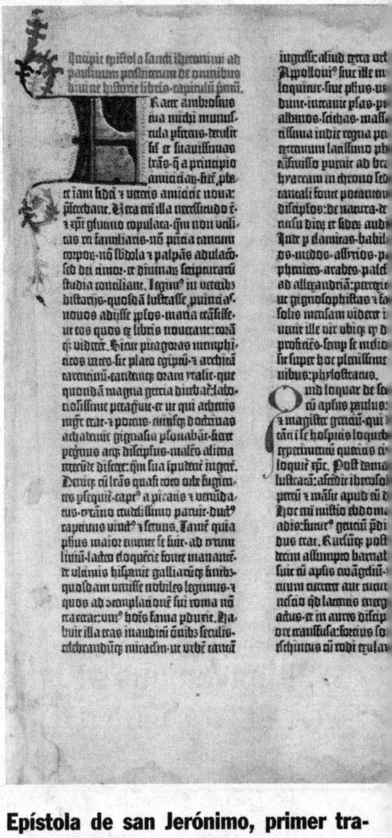

Epístola de san Jerónimo, primer traductor de la Biblia al latín vulgar a partir de la cual se escribió la Biblia de Gutenberg, a la que sirve de introducción.

Alumnos desobedientes (*La Eneida,* Virgilio)

***Eneas saliendo de Troya*, por Federico Barocci, 1598. Eneas huyó de Troya con su padre Anquises, su esposa Creúsa (a la que finalmente tuvo que abandonar) y su hijo Ascanio.**

El poeta Virgilio, considerado el mayor literato de la Antigua Roma y uno de los más grandes de la historia, murió poco después de finalizar su obra más ambiciosa, la *Eneida*. Este poema épico, que consta de doce libros, cuenta la historia del héroe Eneas desde su huída de Troya hasta la fundación de Roma y fue escrito por encargo del emperador Augusto. Poco antes de su muerte, Virgilio emprendió un viaje que debía durar varios años y del que jamás regresaría. Antes de partir, insatisfecho con el resultado final de una obra a la que consagró once años de su vida, el poeta pidió a sus discípulos Plotio Tuca y Vario Rufo que destruyeran el manuscrito. Por fortuna estos ignoraron sus deseos y, tras algunos retoques, publicaron la famosa epopeya. Este gesto permitió que llegara a nuestros días y que se convirtiera en una de las obras de referencia de la literatura universal.

Bienvenidos al infierno (*La Divina Comedia,* Dante Alighieri)

La Divina Comedia, el poema teológico por excelencia, fue escrito en el siglo XIV por el poeta italiano Dante Alighieri y, probablemente por su contenido moralizador, se convirtió en poco tiempo en uno de los libros más populares e influyentes de su época. La obra, que relata un viaje por el más allá, cuyo protagonista es el propio Dante, está dividida en tres libros: *Infierno*, *Purgatorio* y *Paraíso*, y constituye una representación alegórica de la búsqueda de Dios. Con el tiempo, el poema acabó por convertirse en un clásico de la literatura y durante siete siglos ha servido de inspiración para todo tipo de artistas, desde pintores como Botticelli y Dalí a escritores como Ezra Pound y James Joyce o músicos como Rossini y Schumann. De los tres libros que lo componen, el más popular ha sido siempre *Infierno*, que incluso ha influenciado a varios grupos de *heavy metal* y ha servido como punto de referencia para la última parte del *anime* japonés *Los caballeros del zodiaco*. No obstante, quizás la adaptación más llamativa sea el reciente videojuego llamado *Dante's Inferno*, disponible para las consolas Xbox y Playstation, en el que el jugador tiene que viajar al inframundo para salvar a la bella Beatriz.

Una traducción de chiste (*Don Quijote de la Mancha*, Miguel de Cervantes)

El ingenioso hidalgo don Quijote de la Mancha es, según muchos, el libro más traducido del mundo después de la Biblia. Curiosamente don Miguel de Cervantes profetizó este hecho en la misma obra, de boca del Bachiller Sansón Carrasco, cuando dice irónicamente: «(Y) a mí se me trasluce que no ha de haber nación ni lengua donde no se traduzca». Asimismo, en el prólogo a la segunda parte, Cervantes comenta, siempre en clave de humor, que el emperador de la China desea utilizar su novela para enseñar español a sus súbditos «porque quería fundar un colegio donde se leyera la lengua castellana y quería que el libro que se leyese fuera el de la historia de don Quijote».

Grabado en el que son representadas todas las partes del proceso de edición del *Quijote*, desde el manuscrito a la encuadernación.

En realidad la trayectoria histórica de las traducciones del *Quijote* se inicia durante el mismo siglo XVII, cuando en 1612 Thomas Shelton traduce la primera parte al inglés. Desde entonces ha sido traducido a más de setenta idiomas, algunos tan curiosos como el tagalo, el latín clásico o el esperanto. Aun así, una de las traducciones más llamativas y a su vez más polémicas la realizó el filólogo mexicano y residente en EE. UU. Ilan Stavans. Este catedrático del Amherts College de Massachussets tradujo el primer capítulo del *Quijote* al *spanglish*, una especie de jerga que hablan alrededor de veinticinco millones de hispanos residentes en Norteamérica. El resultado se publicó en 2002 en el suplemento cultural del diario *La Vanguardia* y, según Stavans, la obra de Cervantes comenzaría de la siguiente forma: *«In un placete de la Mancha of which nombre no quiero remembrearme, vivía, not so long ago, uno de esos gentleman who always tienen una lanza in the rack, una buckler antigua, a skinny caballo y un grayhound para el chase»*.

(Romeo y Julieta)

Los eternos amantes (*Romeo y Julieta*, William Shakespeare)

De las treinta y siete obras de teatro escritas por William Shakespeare la tragedia de Romeo y Julieta es, sin duda alguna, la más popular de todas. Aunque, gracias al dramaturgo inglés, la historia de los amantes de Verona se ha convertido en el arquetipo del amor romántico, en reali-

El «balcón de Julieta», lugar de peregrinaje para millones de enamorados.

dad se sabe que el argumento no surgió de su fecunda imaginación, sino que se inspiró en una historia que ya había sido narrada por otros muchos autores, principalmente italianos, durante los dos siglos anteriores. Este hecho, junto a la confirmación de que en la Verona del siglo XIV existieron dos familias enfrentadas llamadas Montecchi y Cappello, ha provocado que muchos lleguen a pensar que los jóvenes enamorados existieron de verdad. A pesar de que nadie lo ha podido demostrar, el balcón de la casa de los Capuleto, conocido como «balcón de Julieta», se ha convertido con los años en lugar de peregrinaje para millones de enamorados de todo el mundo. Para aprovechar el impulso, desde abril de 2009, el Ayuntamiento de Verona permite que las parejas contraigan matrimonio en el famoso balcón, por supuesto, a cambio de una generosa aportación económica. Los precios, según la procedencia de la pareja, oscilan entre los setecientos y los mil euros, a lo que habría que añadir otros gastos opcionales como la llegada en carroza o la actuación de un coro. Eso sí, dado el gran número de solicitudes que llegan de todos los rincones del mundo, es necesario reservar con mucha antelación.

(Robinson Crusoe)

El náufrago ninguneado (*Robinson Crusoe*, Daniel Defoe)

La popular novela de aventuras *Robinson Crusoe*, escrita por Daniel Defoe, está inspirada en la historia de un marino escocés llamado Alexander Selkirk que, tras haber sido abandonado por supuesto amotinamiento en una isla del Pacífico, sobrevivió por sus propios medios durante cuatro años y cuatro meses. Según algunos biógrafos, una vez rescatado Selkirk conoció a Daniel Defoe, al que contó su historia de primera mano e incluso le entregó algunas hojas escritas de su puño y letra. A pesar de que durante un tiempo fue considerado una celebridad, el marino nunca logró adaptarse a la civilización y acabó instalándose en una cueva construida en la parte trasera de su casa y rodeado de gatos para rememorar su penosa aventura. Poco antes de morir, y a la vista del éxito conseguido por el libro de Defoe, Selkirk decía con amargura: «Me robaron mi historia». El 1 de enero de 1966 la isla en la que estuvo Selkirk fue oficialmente rebautizada como Robinson Crusoe. En torno al año 2000 una expedición encontró allí una serie de instrumentos náuticos del siglo XVIII, que probablemente le pertenecieron.

Nacido como Daniel Foe se añadiría más tarde el aristocrático «De» a su nombre, llegando incluso a afirmar que descendía de la famila De Beau Faux.

Liliput, una civilización ciertamente avanzada
(*Los viajes de Gulliver*, Jonathan Swift)

En 1726 el escritor Jonathan Swift publicó en Inglaterra una novela satírica titulada *Los viajes de Gulliver* en la que narraba las aventuras de un náufrago que descubre por azar unas islas habitadas por extraños personajes. Aunque la obra está llena de anécdotas y costumbres del todo disparatadas a propósito de estas gentes, existe un fragmento que desde hace años maravilla a los científicos. Según Gulliver los astrónomos de Liliput conocían que alrededor de Marte orbitaban dos astros más pequeños que se regían por las mismas leyes gravitatorias que los demás cuerpos celestes. Lo asombroso de esta afirmación radica en el hecho de que Swift escribió la novela ciento cincuenta años antes de que se descubrieran los dos satélites del planeta rojo. Por si esto fuera poco, las medidas y el periodo orbital presentados en la obra coinciden casi exactamente con las reales. En honor a esta «predicción» el astrónomo que descubrió los cráteres del satélite Deimos decidió bautizar a uno de ellos con el nombre del genial escritor.

(Fausto)

Exigencias de un público entregado (*La tragedia del doctor Fausto*, Johann Wolfgang von Goethe)

A finales del siglo XIX, el director del Volkstheater de Hamburgo llevó a escena *La tragedia del doctor Fausto*, el clásico por excelencia de la literatura alemana escrito por Johann Wolfgang von Goethe, sin saber que aquella humilde versión acabaría haciendo historia. La obra cuenta la historia del doctor Fausto, un hombre que firma un pacto con el diablo a cambio de obtener poder y sabiduría. La representación estaba teniendo una gran acogida hasta que, llegado el momento en el que el personaje principal está a punto de abandonar a su amada Margarita en la prisión, los espectadores, la mayoría de extracción popular, se levantaron indignados. El escándalo fue tal que, mientras el público gritaba una y otra vez «¡Casorio!, ¡casorio!», el director y los actores tuvieron que improvisar un final feliz en el que los dos protagonistas contraían matrimonio.

(Moby Dick)

La ballena sin nombre (*Moby Dick*, Herman Melville)

El novelista norteamericano Herman Melville, autor de *Moby Dick*, no fue muy afortunado con la edición británica de su magistral obra. Aunque en Estados Unidos el libro había visto la luz con el título con el que lo conocemos actualmente, los editores británicos decidieron, sin previo aviso, cambiarlo por el de *La ballena*, alegando que resultaba mucho más comercial. Para colmo, durante la travesía por el océano Atlántico, la última página del manuscrito

resultó tan perjudicada que nunca llegó a la imprenta. Este hecho provocó que la obra fuera vapuleada por los críticos, que definieron el final como «precipitado, oscuro y sin fundamento». De hecho tuvieron que pasar varios años hasta que los lectores británicos descubrieran que Ismael había sobrevivido al terrible ataque de la ballena blanca.

El escritor casquivano (*Madame Bovary*, Gustav Flaubert)

Ilustración de Alfred de Richemont para una edición de *Madame Bovary*.

En 1857 la sociedad francesa vio cómo se tambaleaban sus férreos principios al descubrir la historia de una mujer de clase acomodada a la que la rutina y el aburrimiento habían empujado a convertirse en una adúltera. Se trataba de Madame Bovary, la protagonista de la novela homónima escrita por Gustav Flaubert. El escándalo fue tal, que provocó que el autor fuera acusado de inmoral y llevado a juicio, aunque al final resultó absuelto. El abogado que se ocupó de su defensa alegó que el narrador de la obra no sólo no estaba de acuerdo con la conducta de su protagonista, sino que las palabras de Emma Bovary debían atribuirse exclusivamente a la protagonista. Siempre según el letrado, este era el motivo por el que la joven adúltera se suicidaba, atormentada, al final de la novela. A pesar de lo dicho durante el proceso, una vez conseguida la absolución Flaubert estalló pronunciando la célebre frase: «¡*Madame Bovary c'est moi*!».

(Muerte en Venecia)

Pedofilia platónica (*Muerte en Venecia*, Thomas Mann)

Como mucha gente sabe, *Muerte en Venecia*, la novela del alemán Thomas Mann, narra la historia de un anciano escritor que se enamora platónicamente de un jovencito durante una estancia en Venecia. Lo que la mayoría desconoce es que se trata de una obra autobiográfica y que el joven Tadzio existió realmente. Por lo visto, durante su estancia en la ciudad de los canales, Mann se quedó prendado de un hermoso niño polaco, de nombre Wladyslaw, que se alojaba con su familia en el mismo hotel que él y su esposa. Esta última reconoció años más tarde en sus memorias: «Mi marido se pasaba el día observando a aquel niño y pensaba a menudo en él. Todavía recuerdo que mi tío estaba indignado: "¡Qué escándalo! ¡Un hombre casado y con hijos!"». En realidad, Mann era un homosexual que reprimía sus tendencias y que en aquel momento leía varias obras clásicas que trataban el tema de las relaciones pederastas en la antigua Grecia.

Wladyslaw no descubrió la pasión que había suscitado en Mann hasta 1924, doce años después de la publicación de la novela. Fue una prima suya, que había leído el libro, la que le hizo notar el asombroso parecido físico que guardaba con la descripción del jovencito, incluido el traje de marinero. Prácticamente, la única diferencia con el personaje es que, cuando conoció a Mann, Wladyslaw tenía tan sólo diez años, y no catorce como el joven Tadzio.

(La metamorfosis)

Un homenaje algo soez (*La metamorfosis*, Franz Kafka)

En 1915 el atormentado escritor bohemio Franz Kafka escribió una inquietante novela que no dejó indiferente a los lectores de la época: *La metamorfosis*. El libro cuenta la historia de un hombre convertido en un gigantesco insecto de la noche a la mañana. A partir de ese momento, el protagonista se ve obligado a recluirse en su dormitorio, sufre el rechazo de su familia y, al final, muere completamente abandonado. Aunque el argumento pueda parecer grotesco, sesenta y dos años después el escritor Philip Roth, gran admirador de *La metamorfosis*, se demostró perfectamente capaz de superarlo. El controvertido escritor norteamericano se inspiró en la obra de Kafka para escribir un relato que tituló *El pecho*, una divertida sátira, aunque en ocasiones ciertamente repulsiva, en la que un profesor llamado David Kepesh amanece un buen día convertido en una enorme glándula mamaria.

Erotismo cifrado (*Rayuela*, Julio Cortázar)

Todo el que se haya aventurado a leer *Rayuela*, del argentino Julio Cortázar, ha podido descubrir que la lectura de esta genial novela entraña una gran dificultad, sobre todo debido a su peculiar estructura. La obra está precedida de un «tablero de dirección» que indica en qué orden deben leerse los capítulos, saltando continuamente de atrás hacia delante y repitiendo muchos de ellos. Además, la tercera parte está compuesta por lo que se ha dado en llamar «capítulos prescindibles», una serie de citas de libros, recortes de periódicos y textos autocríticos, innecesarios para el lector que sólo esté interesado en el argumento principal.

Sin embargo, lo realmente desconcertante del libro es, para muchos, el capítulo sesenta y ocho. Éste narra una escena de encendido erotismo, pero con la peculiaridad de que está redactada exclusivamente en glíglico, un lenguaje inexistente formado de palabras inventadas por el propio Cortázar pero con la misma sintaxis y morfología que el español. Las primeras frases dicen así: «Apenas él le amalaba el noema, a ella se le agolpaba el clémiso y caían en hidromurias, en salvajes ambonios, en sustalos exasperantes. Cada vez que él procuraba relamar las incopelusas, se enredaba en un grimado quejumbroso y tenía que envulsionarse de cara al nóvalo, sintiendo cómo poco a poco las arnillas se espejunaban».

(Crónica de una muerte...)

Treinta años de soledad (*Crónica de una muerte anunciada*, Gabriel García Márquez)

El Nobel de literatura Gabriel García Márquez puede pasar varios años madurando una novela en la cabeza y no sentarse a escribirla hasta que la tiene atada a la perfección. Este método de escritura obedece a un consejo que recibió cuando era joven según el cual, para escribir una buena historia, es necesario contarla muchas veces y ver qué partes resultan más atractivas al oyente y cuáles hay que suprimir. De este modo, conforme las va contando, García Márquez va añadiendo nuevos detalles y eliminando otros hasta que considera que todo cuadra. Esto, precisamente, fue lo que hizo con su obra *Crónica de una muerte anunciada*, que está inspirada en una terrible experiencia personal. Tras haber sido testigo impotente del asesinato de un querido amigo, el escritor colombiano estuvo contando la historia a diestro y siniestro durante más de treinta años hasta que, un buen día, se sentó a escribir «en calzoncillos, de nueve de la mañana a tres de la tarde durante catorce semanas sin tregua, sudando a mares, en la pensión de hombres donde vivió Bayardo San Román los seis meses que estuvo en el pueblo».

Plagios

Plagios

Un soborno necesario (Marco Valerio *Marcial*)

Aunque los usurpadores de las ideas de otros han existido desde el origen de la literatura, la primera acusación directa de plagio de la que tenemos constancia proviene del poeta latino Marco Valerio Marcial, pupilo de Séneca y nacido en la Hispania tarraconense. Éste utilizó sus famosos epigramas para arremeter contra Fidentino, uno de sus coetáneos, al que acusaba de apropiarse de sus versos. Así, en uno de ellos le preguntaba: «¿Por qué mezclas, imbécil, tus versos con los míos? ¿Por qué pretendes atraillar leones con zorros y aparear águilas con lechuzas?». En otra ocasión, en el epigrama LXVII, sentenció: «Al que desea adquirir la gloria recitando versos de otro, no le basta con comprar el libro, debe comprar también el silencio del autor».

El falso Quijote (Alonso Fernández de Avellaneda)

En 1614, mientras Cervantes preparaba la segunda parte de las exitosas aventuras de Alonso Quijano, una imprenta tarraconense sacó a la luz una obra apócrifa titulada *Segundo tomo del ingenioso hidalgo don Quijote de la Mancha*, firmada por Alonso Fernández de Avellaneda. El hecho de que se tratara de un seudónimo, así como los insultos dirigidos hacia Cervantes que aparecen en el prólogo, a quien se tacha de viejo, tullido y envidioso, hacen pensar a los estudiosos que el principal objetivo de la novela era dañar la imagen del reputado autor. Esta suposición ha dado lugar a todo tipo de especulaciones sobre la identidad del «impostor», incluso se llegó a decir que pudiera tratarse del mismísimo Lope de Vega.

...han dado lugar a todo tipo de especulaciones sobre la identidad del «impostor», incluso se llegó a decir que pudiera tratarse del mismísimo Lope de Vega.

A pesar de que no es la única imitación del *Quijote* publicada en la época, la novela ha pasado a la historia, entre otras cosas, porque provocó que el ultrajado Cervantes acelerara la redacción de su segunda parte, aprovechando algunos pasajes para arremeter contra el usurpador. El insigne autor manchego murió apenas un año después de publicar la continuación y, según decían, de no haber sido por Avellaneda, es posible que jamás la hubiera concluido.

Larry Potter (*Harry Potter*, J. K. Rowling)

La escritora J. K. Rowling, creadora de la famosa saga de Harry Potter, se ha visto obligada en numerosas ocasiones a defender ante los tribunales los derechos de autor de su obra, cuyos beneficios la han convertido en una de las mujeres mas ricas de Inglaterra, superando incluso a la mismísima reina. De hecho, tanto sus abogados como la Time Warner, propietaria de los derechos de las adaptaciones cinematográficas de sus libros, se han distinguido siempre por defender con uñas y dientes los intereses de su cliente, rastreando el mundo entero en busca de posibles plagios. Gracias a ello han conseguido evitar la distribución de burdas imitaciones en China, India y Rusia, y en una ocasión incluso amenazaron con una demanda al ejército de los EE. UU. por la publicación de un cómic que parodiaba a su famoso personaje.

A pesar de todo este empeño en defender sus derechos, la acusación de plagio con mayor repercusión mediática ponía en entredicho la honestidad de la autora y dio lugar a un proceso judicial que duró más de dos años obligándola a postergar el lanzamiento de su quinto libro. Al final, la escritora estadounidense Nancy Stouffer, que había acusado a J. K. Rowling de robar las ideas de su novela *La leyenda de Rah y los muggles*, protagonizada por un niño llamado Larry Potter y publicada diecisiete años antes, fue condenada a pagar una multa de treinta mil dólares por fraude y falsedad documental. Durante la instrucción se descubrió que la novelista no había dudado en alterar sustancialmente su novela original para apoyar la querella.

En la actualidad, los letrados se enfrentan a una nueva acusación de plagio por parte de los herederos de Adrian Jacobs, autor de un cuento infantil titulado *Willy the Wizard*. Por lo visto, Jacobs entregó una copia de éste al agente literario de Rowling diez años antes de que la escritora publicara su primer libro.

(T. S. Eliot)

Ante todo, sinceridad (*La tierra baldía*, T. S. Eliot)

Según publicó el *Times Literary Suplement* en 1995, el escritor T. S. Eliot habría podido plagiar *La tierra baldía*, el poema que le hizo mundialmente célebre, de un escritor autodidacta de nombre Madison Cawein que trabajaba en un salón de billar de Cincinatti. Las dos obras, no sólo comparten el mismo título, sino que existen hasta trece coincidencias, entre las que destaca la metáfora principal. Según Peter Akcroyd, biógrafo de Eliot, el autor «tuvo muy pocas ideas originales» y muchas veces expresaba sus «sentimientos más significativos» a través de fragmentos de lo que leía «trasformados en memoria». Al fin y al cabo, el propio Eliot escribió en una ocasión:

«Los poetas inmaduros imitan; los poetas maduros roban; los malos poetas afean lo que hacen y los buenos lo transforman en algo mejor».

Un proceso interminable (*La cruz de San Andrés*, Camilo José Cela)

En 1998 la maestra de educación infantil Carmen Formoso levantó una gran polvareda tras presentar una querella por plagio contra Camilo José Cela. La polémica surgió a partir de que éste fuera galardonado con el prestigioso premio Planeta de 1994 por la novela *La cruz de San Andrés*. Formoso, que había presentado su libro *Carmen, Carmela, Carmiña* a la misma edición del concurso, denunciaba al premio Nobel y a José Manuel Lara, consejero delegado de la editorial, por apropiación indebida y delito contra la propiedad intelectual, por lo que pedía hasta seis años de cárcel. Para colmo, el escritor Miguel Delibes confirmó que Planeta le había ofrecido con anterioridad el premio que ganó Cela. Aunque la causa fue archivada dos veces, y a pesar de que el escritor ya había fallecido, en 2006 el Tribunal Constitucional reabrió el caso contra Lara tras resolver que existen indicios de comisión de un delito.

El escritor asesino (*El perro de los Baskerville*, Sir Arthur Conan Doyle)

En 2005 un grupo de investigadores que trabajaban al servicio del autor Rodger Garrick-Steele solicitó formalmente la exhumación del cadáver del periodista Fletcher Robinson, amigo personal de Sir Arthur Conan Doyle, para resolver un misterio que les ocupaba desde hacía diez años. Según este, el creador del legendario personaje de Sherlock Holmes, no sólo habría robado la historia de *El perro de los Baskerville* de un relato escrito por su amigo, sino que lo habría envenenado con láudano para evitar que se descubriera el engaño. Para ello habría contado con la colaboración de la esposa del falleci-

Una leyenda negra sugiere que *El perro de los Baskerville* fue escrita, en realidad, por el abogado y periodista Bertram Fletcher Robinson.

do, que por aquel entonces mantenía una relación adúltera con Conan Doyle y que, sospechosamente, no acudió al sepelio. A pesar de que en un principio Scotland Yard aceptó abrir una investigación basándose en la gran cantidad de pruebas circunstanciales presentadas, en 2008 un tribunal de Exeter decidió cancelar la exhumación.

Da Vinci y el enigma sagrado (*El código Da Vinci*, Dan Brown)

Tras la publicación de su libro *El código Da Vinci*, que se convirtió en todo un fenómeno editorial, el escritor Dan Brown, no sólo tuvo que enfrentarse a la furia de la Iglesia católica, sino que también se vio obligado a lidiar con varias querellas que lo acusaban de plagio. Una de las más sólidas provenía de los autores Michael Baigent y Richard Leigh que consideraban que Brown había copiado el tema principal de su libro *El enigma sagrado*. La obra, que curiosamente había sido publicada por la misma casa editorial del *best seller* de Brown,

***Cabeza de muchacha* de Leonardo, también conocida como *La despeinada*, superpuesta al personaje que representa al apóstol san Juan en *La última cena*.**

Leonardo fue, supuestamente, Gran Maestre del Priorato de Sión, por lo que algunos apuntan que la imagen del apóstol san Juan, en su obra *La última cena* es en realidad la representación de María Magdalena, argumentando que los dibujos preliminares para tal personaje son claramente de mujer.

aborda la tesis de que Jesucristo y María Magdalena se casaron, tuvieron un hijo y que su descendencia se habría prolongado hasta la actualidad protegida por una orden secreta llamada «Priorato de Sión». Al final la corte falló a favor de Brown pues, aunque aceptó que había extraído muchas ideas del libro de los demandantes, éstas eran demasiado generales como para ser protegidas por las leyes de la propiedad intelectual. No obstante, a pesar de que los autores tuvieron que pagar una cuantiosa multa, el escándalo les resultó sin duda rentable, ya que *El enigma sagrado* acabó situándose en las listas de los libros más vendidos.

Más allá de la autoayuda (*Shimriti*, Jorge Bucay)

En octubre de 2005 el escritor y psicoterapeuta Jorge Bucay, cuyos libros gozan de una gran popularidad, se vio obligado a pedir disculpas públicamente tras admitir que su libro *Shimriti* reproducía párrafos enteros «sin apenas modificaciones» de la obra *La sabiduría recobrada*, escrita por la filósofa española Mónica Cavallé. Aunque en un principio lo había negado, muy pronto el escritor argentino tuvo que desdecirse, pues se demostró que sesenta de las doscientas setenta páginas del libro coincidían casi textualmente. Bucay escribió una carta de disculpa a la autora y publicó un artículo en la revista que dirige declarando que se había tratado de «un error absolutamente involuntario». Por su parte la editorial retiró el libro de todos los países donde se había publicado.

Lolita nació en Alemania (*Lolita*, Vladimir Nabokov)

En 2004, un año antes de celebrarse el cincuenta aniversario de la publicación de *Lolita*, de Vladimir Nabokov, un periodista alemán destapó un gran escándalo, la popular obra podría ser un plagio de un relato escrito cuatro décadas antes por el berlinés Heinz von Lichberg. Las dos obras, no sólo comparten título, sino también estructura y contenido. Ambas tratan de un hombre cultivado de mediana edad que se obsesiona con una niña, y tanto el inicio como el desarrollo y la conclusión son los mismos. Curiosamente Nabokov, que dominaba el idioma alemán, residió en Berlín durante quince años en el mismo barrio donde vivía Lichberg. Años después, una vez en Estados Unidos, se puso manos a la obra con el manuscrito de *Lolita*. Para cuando concluyó, Lichberg ya había fallecido.

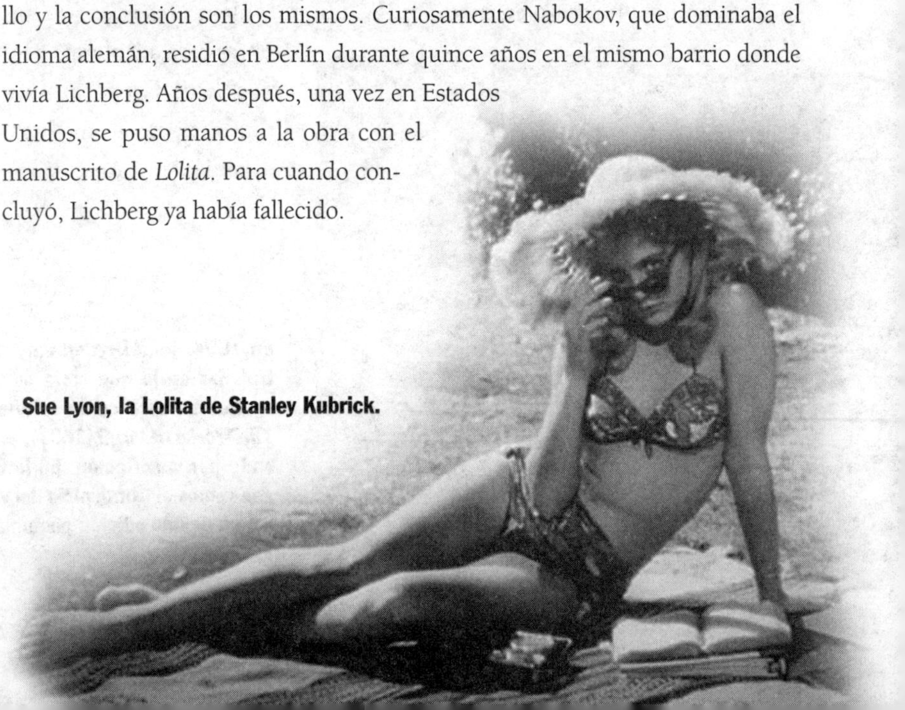

Sue Lyon, la Lolita de Stanley Kubrick.

La honestidad del ladrón (Francisco Umbral)

En una ocasión el escritor Francisco Umbral, que defendió a su amigo Cela ante la acusación de plagio diciendo que la demandante debía estar agradecida porque el Nobel había mejorado su obra, no tuvo reparos en declarar: «Sólo robando de otro se aprende a escribir y, por eso, la literatura está entre los delitos comunes. Prefiero el robo a la influencia».

Y vivieron felices... (*Romeo y Julieta*, William Shakespeare)

Durante el periodo que va de 1660 a 1700, conocido en Gran Bretaña como la Restauración, se puso de moda la puesta en escena de todo tipo de «adaptaciones» de las obras de Shakespeare. Aunque por aquel entonces el poeta y dramaturgo gozaba de gran popularidad, todavía no era objeto del respeto y la veneración que se le tiene en la actualiad, por lo que muchos escritores no mostraron ningún reparo en modificar las tramas y alterar los textos de sus obras para adaptarlos a los gustos de la época. Aunque esta práctica dio lugar a verdaderas atrocidades,

En 1694, John Dryden empezó a trabajar en lo que sería su más ambiciosa obra como traductor: *The Works of Virgil* (1697), publicada por suscripción. En la imagen vemos el frontispicio del volumen II de una edición póstuma de 1716.

la más grave sin duda, fue la versión de *Romeo y Julieta* escrita por el prestigioso John Dryden y su cuñado James Howard, que decidieron cambiar el final para hacer que los amantes vivieran felices para siempre.

Un simple descuido (*Veinte poemas de amor y una canción desesperada*, Pablo Neruda)

A finales de 1934 el escritor Vicente Huidobro publicó un artículo en el que denunciaba las llamativas coincidencias entre el poema número dieciséis de *Veinte poemas de amor y una canción desesperada*, escrito por el poeta Pablo Neruda, y *El jardinero*, de Rabindranath Tagore. La revelación levantó una agria

...sólo pretendía agradar a una amiga, gran admiradora de Tagore.

polémica y, aunque muchos defendieron a Neruda aludiendo a que se trataba de una paráfrasis o reinterpretación, una gran parte de la crítica consideró el poema una mera traducción. El autor, por su parte, se justificó diciendo que nunca hubo intención de plagio y que tan sólo pretendía agradar a una amiga, gran admiradora de Tagore, para la que decidió «reelaborar» los versos del poeta bengalí. Según él, sólo se dio cuenta de que había olvidado incluir una nota explicativa cuando el texto ya estaba en la imprenta.

Los Escritores y sus adicciones

Los grandes temas de la literatura universal

Los escritores y sus adicciones

Las bondades del vino (Cratino)

La costumbre de algunos escritores de ayudarse del alcohol para evocar a las musas no es tan reciente como pueda parecer, sino que se remonta, al menos, hasta la Antigua Grecia. Uno de los primeros casos documentados fue el del dramaturgo y maestro de la sátira Cratino, que en el año 423 a.C. se enfrentó en un concurso a su archienemigo Aristófanes, después de que este último le acusara de borracho en su comedia *Los caballeros*. Cratino resultó vencedor con su obra *La botella*, una comedia repleta de escenas obscenas y escatológicas en la que ridiculizaba a los dioses y en la que sostenía: «El que no bebe más que agua nunca creará nada que merezca la pena».

Reclusión voluntaria (Norman Mailer)

Según relata el cineasta Sergio Leone en su autobiografía, a principios de los años ochenta encargó al escritor norteamericano Norman Mailer un guión adaptado de la novela *The Hoods*, que debía servir para la realización de la película *Érase una vez en América*. Para «evitar distracciones» el polémico autor, famoso por su vida disipada, se encerró durante tres semanas en una habitación de un hotel de Roma, acompañado tan sólo de una caja de botellas de güisqui. «Se le oía cantar, maldecir y pedir hielo a gritos desde más de diez manzanas de distancia», relata el director italiano. No es de extrañar que el guión acabara en el cubo de la basura al no cumplir las expectativas del director y del autor original.

Alcohólico anónimo (Edgar Allan Poe)

Durante años, el poeta y novelista Edgar Allan Poe, uno de los grandes maestros de la literatura de terror, luchó contra una fuerte dependencia al alcohol, que se acentuó tras la trágica muerte de su amada esposa Virginia. Pasado un tiempo, probablemente por influencia de su segunda mujer, se convirtió en miembro de la asociación «Los hijos de la abstinencia» y se dedicó a predicar contra el demonio de la bebida. Apenas unos meses después fue encontrado en un estado de absoluto delirio en las calles de Baltimore. Murió cuatro días después, aparentemente, como consecuencia de un coma etílico.

La popularidad de Allan Poe tras la publicación de *El cuervo* en 1845, cuatro años antes de su muerte, provocó reimpresiones, parodias y versiones ilustradas del poema como la que recoge el *Punch, or The London Charivari* (1891).

Ludopatía (Fiódor Dostoievski)

Durante una estancia en el balneario de Wiesbaden, en un periodo en el que intentaba abrirse camino en el difícil mundo de la literatura, el escritor ruso Fiódor Dostoievski creyó poder resolver sus problemas económicos probando suerte con la ruleta. La experiencia le causó tal impacto que, a partir de ese momento, inició una peregrinación por las salas de juego de las principales ciudades europeas, donde iba perdiendo todo su dinero y el de su esposa, que acabó empeñando sus ropas y hasta su anillo de boda.

Años más tarde, abrumado por las deudas que había contraído y tras haber sido abandonado por su mujer, aceptó el encargo de escribir una novela que concluyó en apenas tres semanas. La magnífica obra, titulada *El jugador*, está basada en sus propias experiencias y describe de forma magistral la fiebre de la ludopatía, una enfermedad que jamás logró superar.

Otro café, por favor (Honoré de Balzac)

El prolífico escritor francés Honoré de Balzac, del que se dice que escribía una media de quince horas diarias, debía su asombrosa capacidad de trabajo a la ingesta cotidiana de litros y litros de café. Según el propio autor, el café no sólo le mantenía despierto, sino que llegó a convertirse en «la gran fuerza de su vida». Su dependencia a la cafeína le inspiró un ensayo titulado *Tratado de excitantes modernos* en el que decía: «El café pone la sangre en movimiento y activa a los espíritus motores, la excitación que provoca precipita la digestión, aleja el sueño y mantiene despierto mucho más tiempo el ejercicio de las facultades mentales». Murió a los cincuenta y un años de edad aquejado de una grave enfermedad gástrica que, por aquel entonces, se atribuyó al exagerado consumo de esta bebida excitante. Aun así, consiguió completar ochenta y cinco de las ciento treinta y siete novelas que incluía su ambicioso proyecto narrativo *La comedia humana.* La mayor parte de ellas fueron escritas de noche.

Un manual para los no iniciados (Charles Baudelaire)

La mayor parte de la vida de Charles Baudelaire, uno de los principales exponentes de los llamados «poetas malditos», estuvo marcada por el abuso del alcohol y las drogas. El escritor francés, que aconsejaba a sus lectores que se emborracharan, ya fuera «de vino, de virtud o de poesía», mantuvo una relación intensa y prolongada con el vino, la absenta y diversos estupefacientes. La pasión que sentía por las drogas le llevó a escribir el ensayo *Los paraísos artificiales*, un auténtico manual del toxicómano que diserta principalmente sobre el opio, así como el origen y las formas de preparación del hachís, describiendo detalladamente sus efectos físicos y psicológicos.

Considerado un gran vehículo de propaganda de estas sustancias, el libro levantó una gran polvareda en el seno de la Iglesia católica, pues en él Baudelaire sostenía que las drogas saciaban las inquietudes metafísicas del ser humano y su sed de espiritualidad. Según sus propias palabras: «¿Qué sentido tiene trabajar, labrar el suelo, escribir un libro, crear y dar forma a lo que fuere, si es posible acceder de inmediato al Paraíso?».

Murió tras una larga agonía a los cuarenta y seis años de edad, habiendo dilapidado la pequeña fortuna que heredó de su familia.

Declaración pública (Truman Capote)

Truman Capote, autor de *A Sangre Fría* y *Desayuno en Tiffany's* fue, además de alcohólico, un entusiasta experimentador de diversos tipos de drogas. En una ocasión, preguntado por si su retomada fe en Dios le estaba ayudando en la vida, éste respondió sin reparos: «Desde luego, pero todavía no soy un santo. Soy un alcohólico, un drogadicto, un homosexual y un genio. Por supuesto, podría ser estas cuatro cosas y ser un santo, pero aún no lo soy». Al final murió de cirrosis, pero aun estando en su lecho de muerte se las arregló para consumir enormes cantidades de barbitúricos y varios tipos de analgésicos.

Los vicios de los modernistas (Rubén Darío)

El movimiento modernista en lengua española se caracterizó, entre otras cosas, por la búsqueda de paraísos artificiales a través del consumo de alcohol y la experimentación con drogas. En 1888 el poeta nicaragüense Rubén Darío, considerado el fundador de esta corriente, escribió un cuento titulado *El humo de la pipa* en el que narra, en siete bocanadas, las visiones que le provocó la inhalación de alguna sustancia alucinógena. Asimismo el dramaturgo y poeta Ramón María del Valle-Inclán, que comenzó consumiendo hachís por prescripción facultativa, acabó considerándolo un medio para la búsqueda de la sabiduría y le dedicó su único ejemplo poético del esperpento, *La pipa del Kif*.

Efectos secundarios (Ernest Hemingway)

Si existe un prototipo de escritor aficionado a la bebida en la literatura contemporánea ese es, sin duda, Ernest Hemingway. El autor de obras como *Fiesta*, *El viejo y el mar* o *¿Por quién doblan las campanas?* era un alcohólico empedernido capaz de consumir diariamente litros de vino, ron o güisqui. Según cuentan, su bebida favorita, descubierta durante su estancia en Cuba, era el daiquiri, del que podía beber hasta diez copas seguidas, hasta el punto que solía llevar consigo un termo para disfrutar de él en cualquier momento.

A los sesenta y dos años, Hemingway decidió que no podía escribir más y se disparó con su escopeta, perturbando la tranquilidad de aquel soleado 2 de julio de 1961.

Debido a sus problemas de salud, en 1939 los doctores le recomendaron que dejara la bebida, tras lo cual intentó limitarse a tres güisquis al día. Por desgracia no lo consiguió y comenzó a desayunar té con ginebra, y a pasar el día sirviéndose continuos tragos de vino, absenta y vodka.

Su dependencia le causó hipertensión, problemas de hígado, diabetes, altos niveles de urea en sangre, continuos calambres musculares, insomnio crónico e impotencia sexual. A la edad de sesenta y dos años, víctima de una grave depresión, se suicidó de un disparo en la cabeza.

La absenta: el elixir de los bohemios

Conocido también como ajenjo, este licor de hierbas con una graduación de cerca del ochenta por ciento y fuerte sabor amargo causó un auténtico furor entre los escritores europeos de finales del siglo XIX y principios del XX. Comercializado en un principio como producto medicinal, muy pronto se convirtió en la bebida de moda en los ambientes bohemios de París, pues los artistas consideraban que favorecía la inspiración creativa. Sin embargo, su mayor atractivo residía en su capacidad para provocar delirios y alucinaciones gracias a las tuyonas, moléculas de propiedades psicotrópicas que se liberan durante la destilación. Alrededor de 1915 la constatación de sus efectos nocivos en el cerebro, el sistema nervioso y los riñones originó que se prohibiera su venta en la mayor parte de Europa. Entre los escritores que la consumían de forma habitual se encontraban Paul Verlaine, Edgar Allan Poe, Víctor Hugo, Jack London, August Strindberg, Arthur Rimbaud, Charles Baudelaire, Ernest Hemingway y Oscar Wilde.

Alcohólico precoz (Jack London)

En 1913 el escritor americano Jack London, autor de la famosa novela de aventuras *Colmillo Blanco*, publicó el libro autobiográfico *John Barleycorn* que, según su esposa, habría debido titularse «Memorias etílicas». En él contaba que la primera vez que se emborrachó tenía tan sólo cinco años y que en su adolescencia era capaz de tumbar bebiendo a hombres hechos y derechos. Tras toda una vida sufriendo en su cuerpo los estragos de la bebida, London logró desintoxicarse a los treinta y siete años. Tres años después, aquejado de fuertes dolores renales y pulmonares, se suicidó con una sobredosis de morfina, a pesar de que solía presumir de que llegaría a centenario.

(Láudano)

El remedio contra la falta de inspiración

El láudano es una tintura de alcohol y opio de propiedades narcóticas, creada en el siglo XVI por el alquimista Paracelso. Aunque habitualmente se utilizaba como analgésico, para calmar la ansiedad y para curar la tos y la diarrea, algunos escritores como Lord Byron, Coleridge, Charles Dickens o Elizabeth Barrett Browning lo utilizaban para curar el temible «bloqueo del escritor».

El láudano es una preparación usada con fines medicinales en una gran variedad de drogas patentadas durante el siglo XIX, compuesta por vino blanco, azafrán, clavo, canela y otras sustancias además de opio. Elizabeth Barrett Browning empezó a tomarlo por prescripción médica y nunca más pudo superar su adicción. (Retrato de Macaire Havre y grabado de T. O. Barlow realizado en 1859, doce años antes de publicarlo.)

El detective cocainómano (Arthur Conan Doyle)

Sir Arthur Conan Doyle, médico de profesión y creador del personaje Sherlock Holmes, era un asiduo consumidor de cocaína, y como tal no tuvo reparos en atribuir este hábito a su popular detective. En sus novelas *Estudio en escarlata* y, sobre todo, *El signo de los cuatro*, Watson relata los efectos devastadores que esta droga tenía en su compañero Holmes, que se inyectaba la sustancia por vía intravenosa en una solución al siete por ciento. Sin embargo, lo más llamativo de la presencia de cocaína en las obras de Doyle no es su consumo por parte del investigador, sino la reacción de su fiel amigo. Aunque a finales del siglo XIX los casos de adicción e incluso de muerte por sobredosis eran más que numerosos, la cocaína era una sustancia legal y la mayor parte de los médicos no sólo no censuraban su consumo, sino que lo recetaban como vigori-

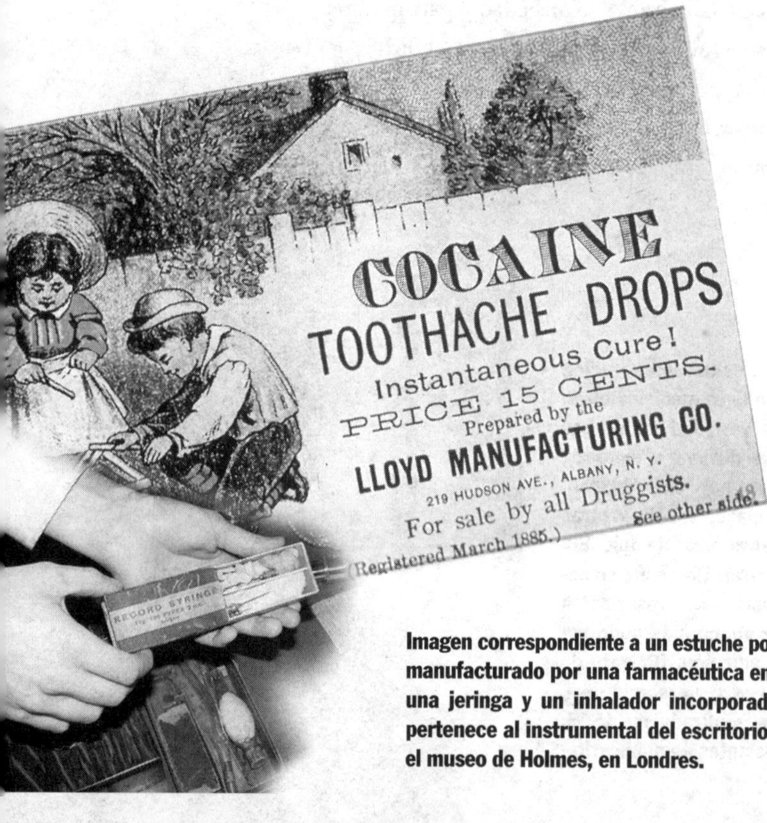

Imagen correspondiente a un estuche portador de cocaína manufacturado por una farmacéutica en el siglo XIX. Lleva una jeringa y un inhalador incorporados. La jeringuilla pertenece al instrumental del escritorio que se recrea en el museo de Holmes, en Londres.

zante y anestésico o para tratar los trastornos gástricos, el alcoholismo y la adicción al opio. Aún así Watson le recrimina su uso y le advierte que puede afectar a sus facultades mentales y ocasionarle daños irreversibles.

Experiencias extrasensoriales (Aldous Huxley)

Tras el gran éxito de su novela de ciencia ficción *Un mundo feliz* el escritor británico Aldous Huxley, escribió un ensayo autobiográfico sobre las experiencias alucinógenas que le había provocado el consumo de mescalina tras someterse a un experimento científico. A partir de ese momento el autor, que siempre había estado interesado en la influencia que estas drogas habían tenido en las manifestaciones culturales y religiosas a lo largo de la historia de la humanidad, se convirtió en consumidor habitual. Durante la fase terminal de un terrible cáncer, y tras un largo periodo sin probar estas sustancias, pidió a su esposa que le suministrara dos dosis de LSD. Murió bajo los efectos del alucinógeno siguiendo el ejemplo de Linda, la madre de uno de los protagonistas principales de su novela.

Dicho y hecho (Jack Kerouac)

En una ocasión el escritor estadounidense Jack Kerouac, considerado el fundador de la generación *beat* y reconocido alcohólico, manifestó: «Como católico no puedo suicidarme, de manera que me sirvo de la bebida para matarme lentamente». Aunque en un principio se pudiera pensar que esta afirmación sólo pretendía escandalizar, años después el novelista y poeta cumplió su objetivo. Murió a los cuarenta y siete años durante una intervención quirúrgica para detener una hemorragia interna causada por el abuso del alcohol.

Si no lo veo, no lo creo (Robert Graves)

A raíz de su interés por los antiguos cultos religiosos, el escritor e historiador inglés Robert Graves, autor de la celebrada obra *Yo, Claudio*, decidió experimentar en sus propias carnes los efectos de diversos hongos alucinógenos. Para ello viajó a México junto a su amigo y micólogo Robert G. Wasson donde conocieron a María Sabina, una sacerdotisa de la tribu de los mazatecas que les introdujo en el consumo de estas sustancias. La experiencia le permitió escribir diversos libros y ensayos en los que llegaba a la conclusión de que la ambrosía y el néctar de los dioses griegos eran en realidad hongos y plantas con propiedades psicodélicas.

Nada es lo que parece (Louise May Alcott)

Por extraño que pueda parecer, Louise May Alcott, autora del popular libro para adolescentes *Mujercitas*, escondía un gran secreto tras su imagen de solterona romántica y puritana: su adicción a la morfina. La novelista americana comenzó su relación con este opiáceo tras contraer las fiebres tifoideas cuando trabajó como enfermera durante la Guerra Civil Estadounidense. A partir de ese momento su dependencia fue en aumento, hasta el punto que llegó a resultarle indispensable para dormir. Durante más de dos décadas sufrió constantes mareos, dolores de cabeza y extremidades y una continua fatiga que sólo cesaron con su muerte a los cincuenta y cinco años de edad. Estudios recientes señalan que sus males pudieron deberse a alguna enfermedad autoinmune crónica, probablemente lupus.

Cartel publicitario de un jarabe calmante a base de morfina para la dentición infantil, que también se indicaba como sedante. El producto contenía sesenta y cinco gramos de morfina en veintiocho gramos de jarabe.

Enemistades literarias

Enemistades Literarias

Infección sanguínea (Ramón María del Valle-Inclán vs. José de Echegaray)

El escritor bohemio Ramón María del Valle-Inclán nunca soportó a su colega Echegaray, según parece porque perdió dos concursos literarios en los que el dramaturgo formaba parte del jurado. Por este y otros motivos, Valle-Inclán solía referirse a él como el «viejo idiota», un mote que en poco tiempo se extendió por todo Madrid. Curiosamente, el escritor bohemio tenía un amigo que residía en una calle rebautizada con el nombre de su archienemigo y, cuando le enviaba alguna carta, en vez de la dirección correcta, escribía siempre «Calle del viejo idiota» junto a una leyenda que decía: «Los carteros de Madrid son los mejores de España». Por aquel entonces el despectivo sobrenombre se había hecho tan popular que las misivas llegaban siempre a su destino.

A pesar de sus desavenencias, en un momento en que Valle-Inclán necesitó una transfusión sanguínea por encontrarse enfermo de gravedad, Echegaray acudió al hospital, junto a otros literatos, a donar parte de su sangre. Cuando informaron de este hecho a Valle-Inclán, en vez de emocionarse, éste declaró: «No quiero la sangre de ese. Está llena de gerundios».

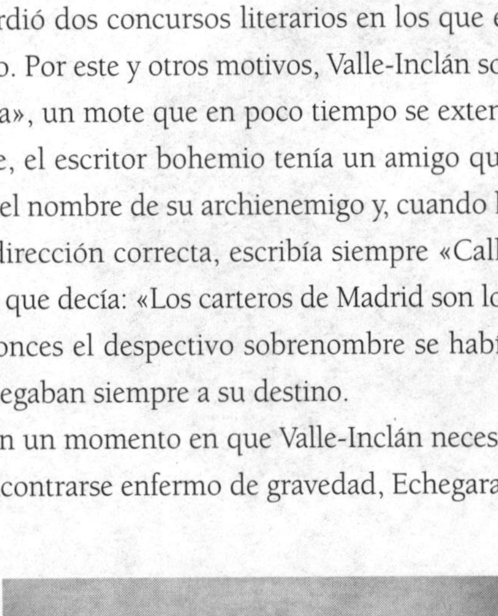

Valle-Inclán solía referirse a José de Echegaray como el «viejo idiota».

(V. Llosa vs. G. Márquez)

Un puñetazo antológico. (Mario Vargas Llosa vs. Gabriel García Márquez)

En 1976, tras acabar la proyección privada de una película titulada *La Odisea de los Andes*, el escritor Gabriel García Márquez se acercó a su colega Mario Vargas Llosa con la intención de saludarlo, ya que hacía tiempo que no se veían. En aquel instante el novelista peruano, sin mediar palabra, le propinó un fuerte puñetazo en la mandíbula que lo dejó tirado sobre la alfombra del teatro. Antes de que nadie tuviera tiempo de reaccionar, Vargas Llosa abandonó el lugar dejando a todos los presentes completamente desconcertados. Hasta aquel momento había existido una gran amistad entre ambos escritores, y García Márquez declaró que desconocía totalmente los motivos de la agresión. Posteriormente, tras muchas conjeturas, los mentideros literarios llegaron a la conclusión de que Vargas Llosa se

En 1976 el novelista peruano, sin mediar palabra, le propinó un fuerte puñetazo en la mandíbula.

dejó llevar por la ira al enterarse de que Gabo había aconsejado a su esposa Patricia que se separara de él, debido a que estaba viviendo un tórrido romance con una modelo norteamericana.

Soberbia más allá de la muerte (Iván Turgénev vs. León Tolstói)

Tras muchos años viviendo una complicada amistad, los escritores rusos Iván Turgénev y León Tolstói rompieron de forma brusca sus relaciones en 1891. Según parece Turgénev llevaba largo tiempo soportando el egoísmo y la arrogancia de Tolstói, que además lo utilizaba descaradamente pidiéndole dinero prestado para jugar a la ruleta o usando su casa para acostarse con prostitutas. A cambio, sólo había recibido frialdad, ingratitud e insultos públicos hacia sus obras y sus ideas. La ofensa definitiva llegó cuando Tolstói insultó a la hija ilegítima y recién reconocida de Turgénev, aludiendo a su nacimiento. Aunque en un principio se retaron a duelo, éste nunca se celebró, pero ambos estuvieron sin hablarse diecisiete años. Poco antes de morir Turgénev escribió una última carta a Tolstói en la que le pedía que saldaran sus diferencias con un abrazo. El que había sido su amigo durante tanto tiempo nunca respondió.

Enemigos íntimos (Bernard Shaw vs. G. K. Chesterton)

Aunque en la vida privada eran amigos, los escritores George Bernard Shaw y G. K. Chesterton fueron durante años enemigos ideológicos debido a una serie de debates públicos que hicieron las delicias de sus seguidores. Los dos escritores eran diametralmente opuestos, tanto desde el punto de vista físico como intelectual, y además ambos estaban dotados de un gran ingenio, lo que hacía muy atractivas sus discusiones, llenas de insultos que, en muchos casos, alcanzaban niveles que podrían considerarse excesivos. En una ocasión, criticando su manera de escribir, Shaw desafió a Chesterton diciendo: «Me jactaré de mi superioridad, insultaré tu corpulencia, (...) si es preciso, pasaré a verte y te robaré el cariño de tu esposa con alardes atléticos e intelectuales hasta que, de una vez por todas, aportes algo al drama británico».

El narigudo y el borrachín (Góngora vs. Quevedo)

Aunque en un principio la célebre rivalidad entre Góngora y Quevedo se basó en su diferente forma de entender la poesía, muy pronto se convirtió en algo personal, provocando que se insultaran de forma cruel pero increíblemente ingeniosa, durante años, a través de terribles poemas satíricos. En ellos Quevedo acusaba a Góngora de ser un sacerdote indigno, homosexual, aficionado al juego e indecente. Además se mofaba de su aspecto físico, como en el popular poema *A una nariz*, en el que insinuaba de forma velada que era un judío converso. Góngora, por su parte, se hizo eco de los rumores sobre la afición de Quevedo por las prostitutas y le achacaba ser un borracho empedernido llamándole «don Francisco de Quebebo». A pesar de no soportarse, gracias a estos poemas el odio que sentían el uno por el otro acabó uniéndoles para toda la eternidad.

Combate televisado (Norman Mailer vs. Gore Vidal)

El escritor norteamericano Norman Mailer, cuya actitud polémica y su incontinencia verbal le hizo tener agrios enfrentamientos con numerosos colegas, mantuvo una especial rivalidad con el también estadounidense Gore Vidal prolongada durante décadas. El momento álgido de este enfrentamiento se produjo, precisamente, durante un programa televisivo en directo que pudieron contemplar millones de espectadores. En él, Vidal comparó a Mailer con el asesino psicópata Charles Manson, por haber acuchillado a su segunda esposa durante una discusión y calificó su novela *The Prisioner of Sex* como «una menstruación de tres días». Por su parte, Mailer, que se había presentado borracho a la entre-

Norman Mailer y Gore Vidal en sendas fotos de 1948.

vista, acusó a Vidal de arruinar a Jack Kerouac por haberse acostado con él y acabó faltando al respeto al presentador, a otra invitada y al público del plató. Después, fuera de cámaras, Mailer agredió gravemente a su enemigo literario. Lejos de avergonzarse, días después incluyó la trascripción completa de la humillación en uno de sus artículos. Pese a todo, ambos escritores se reconciliaron en 1985.

¿Cobarde yo? (Ernest Hemingway vs. William Faulkner)

Aunque William Faulkner y Ernest Hemingway nunca se conocieron personalmente, los dos premios Nobel se enfrentaron en numerosas ocasiones a través de artículos y declaraciones públicas que convirtieron su rivalidad en un clásico de la literatura. A propósito de las virtudes literarias de su enemigo, Hemingway, famoso por su escasa continencia verbal, declaró en una ocasión que «para encontrar una pepita de oro en las obras de Faulkner hay que leerse primero un montón de mierda». Faulkner, por su parte, manifestó que Hemingway jamás había utilizado ni una sola frase que pudiera hacer que el lector tuviera necesidad de recurrir al diccionario y lo acusó de ser un cobarde. Aunque este último comentario hacía referencia a lo poco que arriesgaba al escribir, Hemingway lo interpretó al pie de la letra y, herido en su orgullo masculino, pidió a su amigo el coronel C. T. Lanham que escribiera a Faulkner y le explicara sus hazañas como corresponsal de guerra.

Esperando a las Musas

Esperando a las Musas

Baño inspirador (Agatha Christie)

La escritora de novelas de misterio Agatha Christie, no sólo disfrutaba mucho realizando las tareas domésticas, sino que acostumbraba a reconocer que los mejores crímenes se le habían ocurrido mientras hacía ganchillo, fregaba los platos o zurcía calcetines. Aun así, lo verdaderamente sorprendente es que, una vez comenzaba a trabajar en el libro, solía hacerlo sumergida en una enorme bañera victoriana provista de una amplia repisa de caoba. Este último detalle era fundamental, pues en ella apoyaba los lápices, los cuadernos de notas, una taza de té y, sobre todo, una hilera de corazones de manzana. Su pasión por esta fruta era tal que cuando se compró una casa de verano en Devon insistió en que debía tener una gran bañera con repisa. Ante la cara de sorpresa del encargado de la obra la novelista explicó: «Es que me gusta comer manzanas».

Sin perder el norte (Charles Dickens)

Como mucha otra gente de su época, Charles Dickens estaba convencido de que las corrientes magnéticas afectaban a las energías corporales y que mirar hacia el norte proporcionaba grandes beneficios. Por ello orientaba su cama hacia este punto cardinal para aumentar la creatividad. Asimismo, viajaba siempre con una brújula por si le asaltaba la inspiración mientras estaba fuera de casa.

Siempre a la última (Mark Twain)

El escritor norteamericano Mark Twain estaba fascinado por las últimas tecnologías y se compraba siempre lo último que salía al mercado. Cuando se pusieron a la venta las primeras máquinas de escribir fue uno de los primeros en adquirir una y no tuvo reparos en pagar por ella ciento veinticinco dólares, el equivalente a unos dos mil ciento cincuenta dólares actuales. Esta adquisición le permitió ser el primer autor en entregar un manuscrito mecanografiado a una editorial. Además, le gustaba llevar la cuenta de las palabras que había escrito durante el día, por lo que sus papeles estaban siempre plagados de pequeños números que indicaban la cantidad exacta de vocablos que había sido capaz de producir en una jornada.

Un trabajador incansable (Isaac Asimov)

Isaac Asimov era un auténtico adicto al trabajo. Solía escribir doce horas al día a razón de noventa palabras por minuto, prácticamente nunca se tomaba vacaciones y, según él, jamás experimentó el bloqueo del escritor. Entre libros de divulgación y ciencia ficción escribió más de quinientos volúmenes. Su capacidad de concentración era tal, que aseguraba que aunque se celebrara una orgía en su despacho no levantaría la cabeza del libro. Cuando una entrevistadora televisiva le preguntó qué haría si supiera que sólo le quedaban seis meses de vida, éste contestó, «escribir más rápido».

La adicción al trabajo de Isaac Asimov.

Ahorro energético (Georges Simenon)

Georges Simenon seguía un particular método de trabajo. Antes de empezar una nueva novela consultaba antiguas guías telefónicas francesas, belgas y suizas anotando nombres que le gustaban. Cuando había obtenido unos treinta, los pronunciaba en voz alta y eliminaba los que le resultaban menos sonoros. Cuando la lista se había reducido a unos doce nombres, escribía cada uno de ellos en un folio diferente y les inventaba una breve biografía. Luego disponía los folios sobre una mesa como si fueran naipes y procedía a entrelazar sus destinos. A partir de entonces empezaba a redactar la novela a razón de un capítulo al día, sin descanso, hasta que conseguía acabarla. Su capacidad de trabajo era tal que en una ocasión escribió un relato a mano en tan sólo un mes utilizando una caligrafía diminuta. Cuando Chaplin le preguntó por qué escribía con una letra tan pequeña, éste respondió: «porque así fuerzo menos la muñeca».

Escritores nudistas (Víctor Hugo)

Cuando se encontraba inmerso en algún libro el escritor francés Víctor Hugo, autor del *Los miserables* y *El jorobado de Notre-Dame*, se encerraba con llave en una habitación y se olvidaba completamente de todo, incluida su higiene personal. Para evitar ciertas «distracciones» como tener que vestirse, trabajaba durante semanas desnudo y en los momentos en que sentía frío simplemente se cubría con una manta. Por extraño que pueda parecer, la costumbre de escribir como Dios lo trajo al mundo no era exclusiva de Hugo. Otros autores que encontraban la inspiración desnudos eran Ernest Hemingway o D. H. Lawrence. Este último, antes de sentarse a escribir, solía salir al campo sin nada de ropa y trepar por las moreras que había cerca de su casa.

El escritor pudoroso (Anthony Burgess)

Anthony Burgess, el autor de *La naranja mecánica*, escribió la mayor parte del libro que le hizo famoso bajo los efectos del alcohol. Según él, se veía obligado a trabajar borracho para no escandalizarse por las barbaridades que estaba escribiendo. Otro autor que solía inspirarse tomando alguna que otra copa de más era Scott Fitzgerald. Éste declaraba que si escribía estando sobrio, el resultado no era más que un montón de estupideces.

Fotograma de la película *La naranja mecánica.*

Un secreto bien guardado (Jane Austen)

Jane Austen era tan celosa de su trabajo que solía escribir en pequeños trozos de papel, para poder esconderlos más fácilmente si alguien entraba en la habitación, mientras se encontraba en un momento de inspiración.

Ante todo, mucha calma (James Joyce)

James Joyce era increíblemente meticuloso e hipercrítico con su trabajo. Estaba tan obsesionado con la perfección que tardó siete años en escribir su obra maestra *Ulises* y algunos episodios los llegó a reescribir hasta nueve veces.

En total empleó en el libro dos mil quinientas jornadas de ocho horas o, lo que es lo mismo, veinte mil horas de trabajo. Se dice que un día unos amigos pasaron a visitarle por su casa y lo encontraron tumbado sobre la mesa de la cocina mirando fijamente el techo. Cuando le preguntaron qué sucedía él contestó: «Hoy he escrito cinco palabras». Conociendo su perfeccionismo, éstos le animaron diciendo: «¡Pero eso está muy bien!», a lo que Joyce respondió: «Sí, pero no sé en qué orden ponerlas».

Cosa de magia (Isabel Allende)

La escritora chilena Isabel Allende es muy supersticiosa y cuando llega el momento de sentarse a escribir necesita poner en práctica todo tipo de rituales que se supone que deberían traerle suerte. En primer lugar, empieza siempre sus obras el 8 de enero, la fecha en la que empezó *La casa de los espíritus*, pues según ella, fue un libro muy afortunado. Además, realiza toda una serie de conjuros y coloca bajo su ordenador libros de Pablo Neruda para que le insuflen la inspiración necesaria. Asimismo cada día, al empezar a escribir, enciende una vela. Cuando ésta se apaga, deja inmediatamente el libro que tiene entre manos y no continúa hasta el día siguiente.

Isabel Allende empieza siempre sus obras el 8 de enero.

Los últimos serán los primeros (Katherine Anne Porter)

La escritora de relatos Katherine Anne Porter, ganadora del premio Pulitzer de 1969, empezaba siempre sus historias por la última frase. Según ella, si no sabía cómo acababa una historia era imposible saber cómo empezaba.

Piernas inquietas (Thomas Wolfe)

Cuando se ponía a escribir el novelista Thomas Wolfe alcanzaba tales niveles de nerviosismo y excitación que no conseguía mantenerse sentado, de manera que la mayor parte de sus libros los escribió de pie. Además solía hacerlo en la cocina y, como era muy alto, utilizaba la parte superior del frigorífico como superficie de trabajo. Por otro lado, trabajaba de forma tan compulsiva que no prestaba atención a la gramática o la ortografía. Cuando había completado una página la dejaba en una caja y pasaba a la siguiente. Al final del día reescribía todo lo que había producido en esa jornada, que en el caso de Wolfe podía llegar a las cincuenta mil palabras.

Un amor inspirador (Raymond Chandler)

En una ocasión el escritor Raymond Chandler reconoció que una de las cosas que más le ayudaban a encontrar la inspiración era observar a su mujer mientras realizaba las tareas domésticas. Aunque para muchos la visión puede parecer poco evocadora, no lo es tanto si tenemos en cuenta que su esposa Cissy, una mujer muy hermosa y con un cuerpo escultural, solía realizar sus labores cotidianas completamente desnuda.

Y los sueños, sueños son (Graham Greene)

Cuando se sentía bloqueado y tenía problemas para escribir, el escritor Graham Greene ponía en práctica un método muy curioso: llevaba un diario de sus sueños. Normalmente tenía un cuaderno en su mesilla y, cuando se despertaba en mitad de la noche por culpa de un sueño especialmente intenso, tomaba nota de todo antes de que se le olvidara. Según decía, había descubierto que los sueños eran como novelas por entregas, cuyos capítulos se prolongaban durante varias semanas hasta que formaban un todo.

No sabemos si Greene se ayudaba de un cazasueños, pero su método funcionaba de igual modo.

Cuestión de buena salud (Philip Roth)

Philip Roth tiene una curiosa manera de mantenerse en forma. Según él, el oficio de escritor es demasiado sedentario, de manera que escribe siempre de pie y cuando se para a reflexionar, camina de un lado para otro de la habitación. Este método le libra de ir al gimnasio, pues por cada página que escribe, atendiendo a sus cálculos, recorre medio kilómetro, más o menos.

La fauna humana (Henrik Ibsen)

El dramaturgo danés Henrik Ibsen tenía sobre su escritorio una nutrida colección de figuras de animales de bronce. Cuando un amigo las alabó, Ibsen contestó que en realidad los necesitaba para sus obras. «No sé trabajar si no veo a mis personajes». A continuación señaló un avestruz, un cerdo y una hiena y añadió: «Estos tres, por ejemplo, son los protagonistas de lo que estoy escribiendo ahora». Cuando el amigo mostró su desconcierto Ibsen explicó: «Piensa en conocidos tuyos; en un hombre que sea un cerdo, otro que sea una hiena y en una mujer que sea un avestruz. Júntalos en determinadas circunstancias y obtendrás un drama».

Siguiendo la luz (George Bernard Shaw)

El Nobel irlandés George Bernard Shaw escribió la mayoría de sus obras en un minúsculo cobertizo de algo más de cinco metros cuadrados, fabricado con tablas de madera. El escritor lo hizo construir en un lugar estratégico del enorme jardín de su casa en Hertfordshire, lo suficientemente cerca de la vivienda principal para que no le resultara incómodo ir y volver, y lo bastante lejos para no ser molestado por visitantes y admiradores. A pesar de sus reducidas dimensiones el escritor se ocupó de que la cabaña contara con todo tipo de comodidades: luz eléctrica, calefacción,

línea telefónica e incluso una pequeña cama que le permitía echar una cabezadita de vez en cuando. Sin embargo, el refugio tenía una peculiaridad que lo hacía diferente de cualquier otro cobertizo de madera. Estaba construido sobre una plataforma circular que, gracias a un mecanismo giratorio, podía ir rotando sobre sí mismo para buscar la luz del sol o, en su caso, para evitar que las vistas desde la ventana fueran siempre las mismas.

Silencio absoluto (Marcel Proust)

En su afán por concentrarse únicamente en la escritura, Marcel Proust, dotado de una gran sensibilidad, tanto emotiva como sensorial, no sólo ordenó tapar las ventanas y recubrir de corcho las paredes de su cuarto, sino que compró los apartamentos contiguos al suyo para aislarse completamente de cualquier ruido. En aquella habitación se recluía durante días, casi siempre en la penumbra, bebiendo una taza de café tras otra y sin apenas comer ni dormir. Precisamente fue allí donde escribió su serie de novelas *En busca del tiempo perdido*, cuya redacción le llevó catorce años de su vida.

Prohibido molestar (Gustav Flaubert)

Durante los cinco años que tardó en escribir *Madame Bovary* (en ocasiones empleaba una semana entera en escribir un solo párrafo), Gustav Flaubert no sólo insistía en que sus sirvientes no le interrumpieran bajo ningún concepto, sino que incluso tenían prohibido dirigirle la palabra. El único día de la semana en que podían hablarle era el domingo. Aquel día debían decirle simplemente: «Señor, es domingo».

Comienzos difíciles (Orhan Pamuk)

El escritor turco Orhan Pamuk, premio Nobel de literatura de 2006, suele reescribir la primera línea de sus novelas entre cincuenta y cien veces. «Lo más difícil de un libro es siempre la primera frase», reconoce el escritor. «Puede llegar a ser terriblemente doloroso». Por lo general, escribe todas sus obras a mano en cuadernos de papel cuadriculado que envía periódicamente a un mecanógrafo para que los pase a limpio. Cuando recibe los folios, corrige lo que cree necesario y los devuelve para que los pase a limpio de nuevo. Este proceso suele repetirse tres o cuatro veces.

La magia del grafito (John Steinbeck)

El escritor norteamericano John Steinbeck produjo a lo largo de su vida dieciséis novelas, ocho ensayos, numerosos relatos, dos guiones cinematográficos y miles de cartas, la mayor parte de las cuales fueron escritas a lápiz. Éste siempre fue su instrumento de trabajo favorito, por lo cual el dedo anular de su mano izquierda solía mostrar, a menudo, un enorme callo. Antes de ponerse a trabajar sacaba punta exactamente a veinticuatro lápices, todos ellos redondeados y de una medida determinada. En una ocasión confesó:
«Me he pasado años buscando el lápiz perfecto, pero aún no he dado con él. He encontrado algunos bastante buenos, pero la mayoría de las veces el lápiz que me iba muy bien un día, a la mañana siguiente ya no funcionaba».

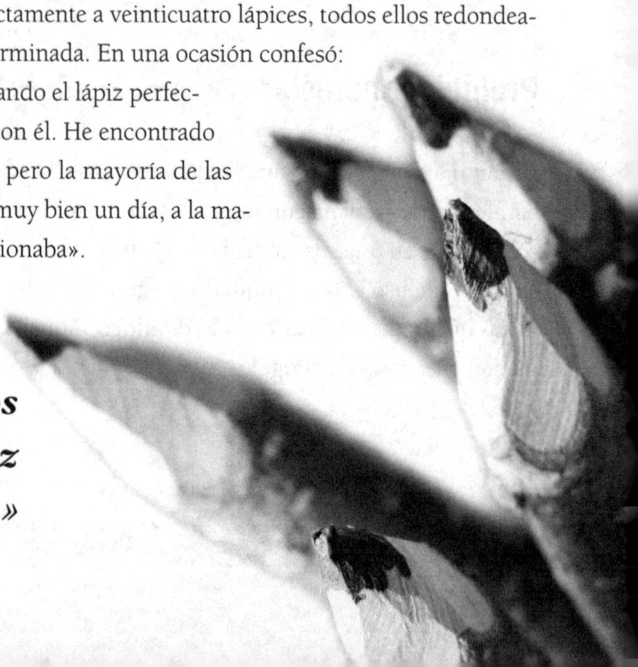

«Me he pasado años buscando el lápiz perfecto.»

(J. W. von Goethe)

El poder de los sentidos (Johann Wilhelm von Goethe)

En una ocasión, el escritor alemán Goethe acudió a casa de su amigo Schiller y, al no encontrarlo en casa, decidió esperarlo sentado en su despacho. Al cabo de unos momentos, Goethe comenzó a percibir un olor extraño, casi nauseabundo, que provenía del cajón del escritorio y, cuál no sería su sorpresa cuando, al abrirlo, descubrió que estaba lleno de manzanas podridas. Según Schiller aquel desagradable olor le resultaba muy útil en los momentos en que necesitaba inspiración. Aunque pueda parecer extraño, según un estudio de la Universidad de Yale, el olor a manzanas podridas consigue levantar el estado de ánimo e incluso puede resultar muy útil para tratar los ataques de pánico.

A Schillery le inspiraba el olor que desprende la putrefacción de la manzana.

(José Saramago)

El talento en pequeñas dosis (José Saramago)

El escritor portugués José Saramago nunca escribe más de dos folios al día. Aunque tenga una idea a medio desarrollar, siempre se detiene ahí. Según él, nadie es capaz de escribir más de dos buenos folios de literatura al día.

(Gómez de la Serna)

En la variedad está el gusto (Ramón Gómez de la Serna)

Se cuenta que en un momento de su vida, Ramón Gómez de la Serna llegó a tener cuatro casas alquiladas en diferentes barrios de Madrid, cada una de ellas con una gran mesa de pino donde escribía hasta tres o cuatro libros al mismo tiempo. Cuando se fue a vivir a Estoril, encargó que le construyeran una mesa especial, llena de pupitres y tableros abatibles, que le permitiera trabajar en ocho manuscritos a la vez, sin tener prácticamente que desplazarse.

Amores y Desamores

Amores y Desamores

Una relación abierta (Jean-Paul Sartre y Simone de Beauvoir)

En 1929 el escritor Jean-Paul Sartre llegó a un acuerdo con Simone de Beauvoir, según el cual intercambiarían sexo e ideas y vivirían una relación abierta y sincera en la que los celos no tendrían cabida. La joven estudiante no tuvo problemas en aceptar la propuesta, pues el vínculo que les unía era, en realidad, más intelectual que físico. De hecho, en una ocasión Beauvoir mandó a su hermana para disculparse con Sartre porque tenían una cita y no podía acudir. Dado que el bar donde debían encontrarse estaba muy concurrido, Sastre quiso saber cómo lo había reconocido. «Me dijo que llevaba gafas», respondió ésta. «Pero hay otros tipos con gafas», arguyó el escritor. «Lo sé, pero es que también me dijo que era usted bajito y feo». A pesar de todo, durante cincuenta años compartieron una intensa dependencia, pero, eso sí, alternando con diferentes amantes que, en alguna ocasión, llegaron a compartir. Simone fue apartada de Sartre estando ya él ciego y muy enfermo. Recibió la noticia de su muerte por teléfono y acudió al entierro acompañada de su hermana y atiborrada de tranquilizantes.

Jean-Paul Sartre, Boris Vian, Simone de Beauvoir y Michelle Léglise Vian, primera mujer de Boris Vian.

(Virginia y Vita)

Entre el amor y la adulación (Virginia Woolf y Vita Sackville-West)

A finales de 1920 la tímida y depresiva Virginia Woolf conoció a la también escritora Vita Sackville-West, una lesbiana reconocida que, a pesar de estar casada, había vivido una escandalosa relación con otra mujer. La autora de novelas como *Al faro* o *La señora Dalloway* se enamoró perdidamente de su carácter determinado y su talento literario y a partir de entonces ambas se hicieron prácticamente inseparables, pasando largas temporadas solas en una de las grandes residencias campestres de los Sackville-West. En su fuero interno Virginia deseaba ser lo que Vita abiertamente era, una mujer que no tenía problemas en vestirse de hombre y pasearse en público cogiendo de la cintura a su amada. Por ello le dedicó una de sus más significativas novelas, *Orlando*, la biografía de un hombre que, durante varios siglos, cambia de sexo en varias ocasiones.

(Henry y Anaïs)

Amor, sexo y desenfreno (Henry Miller y Anaïs Nin)

En noviembre de 1931, a la edad de veintiocho años, la escritora Anaïs Nin recibió en su casa a Henry Miller, un escritor desconocido del que le habían hablado y que tenía doce años más que ella. A partir de entonces Henry la introduce en el mundo bohemio de los artistas de Montparnasse, y juntos intercambian ideas acerca de literatura, filosofía y psicología, además de locas sesiones de sexo desenfrenado. Durante esa época el escritor le presenta a su esposa June, que impresiona a Anaïs con su belleza y su extraña forma de ser, empezando así un perverso triángulo amoroso que culmina con el regreso de June a los Estados Unidos. Mientras tanto, Anaïs colabora económicamente en la publicación de *Trópico de Cáncer*, una obra considerada obscena e incluso pornográfica que supuso el primer éxito del autor americano. Al mismo tiempo, se reencuentra con su padre y retoma una relación incestuosa con él. Finalmente, ambos escritores abandonan París a causa de la guerra y se instalan en Nueva York, donde escriben juntos relatos eróticos. Tras su ruptura a causa del desgaste y el distanciamiento, Anaïs vuelve con su marido y escribe *Henry, su mujer y yo*, un diario erótico en el que no faltan todo tipo de detalles escabrosos sobre su relación con el matrimonio Miller. Tal y como reconoció en una ocasión: «No tengo ninguna moralidad. Sé que la gente se horroriza, pero yo no».

Delirio de amor (Paul Verlaine y Arthur Rimabaud)

Cuando se conocieron, Paul Verlaine era un hombre casado y un poeta de cierto prestigio, mientras que Arthur Rimbaud era un adolescente que intentaba abrirse camino en el mundo de la literatura. Al poco tiempo, se desató entre ambos una pasión enfermiza y destructiva que escandalizó a la sociedad parisina, en la que no faltaron golpes, drogas y alcohol. En 1863, tras una fuerte discusión, Verlaine recibió un disparo en la muñeca por parte de su amado, y acabó cumpliendo por ello dos años de cárcel. Este hecho puso fin a su relación aunque todavía volvieron a coincidir en otra ocasión, que concluyó de nuevo de forma violenta.

Entrega absoluta (Juan Ramón Jiménez y Zenobia Camprubí)

Tras conocer a Juan Ramón Jiménez, la joven escritora Zenobia Camprubí renunció a una prometedora carrera literaria para entregarse por completo a su amado, que se convirtió desde entonces en su único proyecto vital. Durante décadas actuó como

Retrato de boda de Juan Ramón y Zenobia realizado, unos días después de la boda, en marzo de 1916 en The Garo Studio, Boston.

secretaria, agente literaria, traductora y, sobre todo, enfermera, pues el escritor tenía un carácter débil e inestable que le hacía depender de forma enfermiza de su sacrificada esposa. Además, emprendió y dirigió diversos negocios que le permitieron sortear sus frecuentes problemas económicos, convirtiéndose así en la encargada de sustentar a la pareja. Tras cuarenta y cinco años juntos, Zenobia murió de cáncer sólo tres días después de que se conociera que su esposo había sido galardonado con el premio Nobel. Aun así, se preocupó hasta el último momento de que no le faltase de nada cuando ella desapareciera. Desolado por su muerte, Juan Ramón escribió: «A Zenobia de mi alma, este último recuerdo de Juan Ramón, que la adoró como a la mujer más completa del mundo, y no pudo hacerla feliz. J.R. Sin fuerza ya».

¿Por qué lo llaman Amor cuando quieren decir Sexo?

¿Por qué lo llaman amor cuando quieren decir sexo?
¿Por qué lo llaman amor cuando quieren decir sexo?
¿Por qué lo llaman amor cuando quieren decir sexo?
¿Por qué lo llaman amor cuando quieren decir sexo?
¿Por qué lo llaman amor cuando quieren

¿Por qué lo llaman Amor cuando quieren decir Sexo?

El tamaño sí importa (Truman Capote)

En una ocasión, mientras se encontraba en un bar tomando una copa, el novelista norteamericano Truman Capote fue abordado por un hombre que le había reconocido. El admirador, sin dar más explicaciones, se sacó el pene y le pidió que le firmara un autógrafo. Capote le miró fríamente y, tras observarlo unos instantes, respondió: «Como mucho podría ponerle las iniciales».

Una experiencia inolvidable (D. H. Lawrence)

Aunque vivió durante veintitrés años unido a su esposa Frieda y la mayor parte de sus obras exaltan la unión carnal entre un hombre y una mujer, el británico D. H. Lawrence reconoció en una ocasión que el momento de su vida en que se había sentido más próximo al amor verdadero fue a los dieciséis años, durante una relación homosexual con un minero.

***El rapto de las sabinas*, lienzo de D. H. Lawrence. El autor de *El amante de lady Chatterley* expuso veinticinco cuadros en Londres en 1929, trece de ellos fueron confiscados por romper con las leyes sobre obscenidad.**

El mejor amigo del hombre (Alphonse Marie Louis de Lamartine)

Durante una temporada el poeta romántico francés Alphonse Marie Louis de Lamartine se hospedó en un castillo junto a otras personalidades de la época, entre las que se encontraba la actriz Elisabeth Rachel. Una mañana, cuando estaban a punto de salir a pasear a caballo, Lamartine se dio cuenta de que había olvidado sus guantes. Aunque el anfitrión se ofreció a ir a por ellos, el escritor prefirió enviar a su perro. «Es capaz de traerme cualquier cosa que haya sido tocada por mis manos», explicó. Trascurridos unos minutos el perro regresó, aunque en lugar de los guantes, traía entre sus dientes el camisón de dormir de la actriz.

El poder del dinero (Tom Clancy)

Preguntado sobre qué opinaba del sexo el escritor de *best sellers* de corte político Tom Clancy declaró: «Creo que el sexo es una de las cosas más hermosas y naturales que el dinero puede comprar.»

Prueba de fuego (Henry Miller)

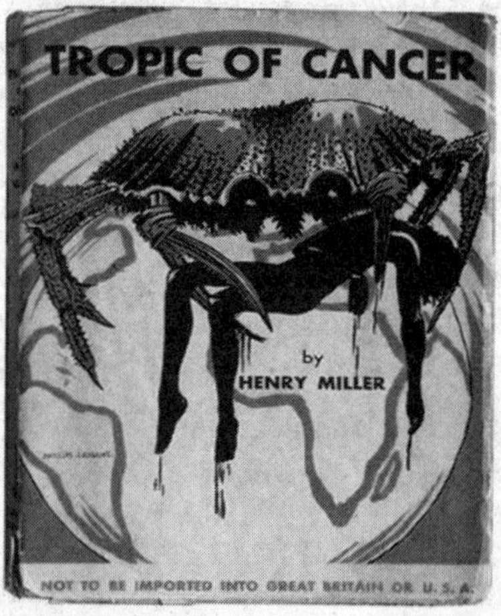

En una ocasión, cuando se encontraba en un bar de Atenas, el escritor Henry Miller, autor de las obras eróticas *Trópico de Cáncer* y *Trópico de Capricornio*, entabló amistad con dos estudiantes con los que se puso a conversar sobre literatura. «El au-

Edición anterior a 1964 de *Trópico de Cáncer*, con la advertencia de no poder ser importado en Gran Bretaña o en EE. UU. por ser un texto prohibido.

tor americano que más nos gusta en este momento es un tal Henry Miller, que vive en París», manifestó uno de los jóvenes. «¡Qué casualidad! ¡Soy yo!», exclamó el escritor. «Imposible», replicó el muchacho. «Nos referimos al Henry Miller que escribió *Trópico de Cáncer*». Aunque hizo todo lo posible, Miller no logró convencer a sus interlocutores, ni siquiera enseñando el pasaporte. Al final, cuando se despedían, preguntó si sabían dónde podía encontrar una prostituta. «Entonces, ¡es usted de verdad!», exclamaron los muchachos.

Realidad vs. ficción (David Lodge)

El escritor y guionista David Lodge es famoso por su sentido del humor, que se refleja en sus escritos y novelas. Sus personajes son a menudo católicos practicantes, obsesionados por el sexo y el control de natalidad. A propósito de este hecho el escritor declaró: «En la literatura se habla mucho de sexo y muy poco de tener hijos. En la vida real sucede exactamente al contrario».

***Domingos*, de Marcel Duchamp. Una obra de juventud donde nos hace ver con ironía su recelo ante el matrimonio.**

Actitud heroica (Lytton Strachey)

Aunque el escritor británico Lytton Strachey tenía una incapacidad física que le hubiera librado de realizar el servicio militar, éste prefirió declararse objetor de conciencia, por lo que tuvo que enfrentarse a un tribunal del ejército. Strachey, declaradamente homosexual, acudió a la vista con un almohadón hinchable para protegerse de la rigidez del banquillo y respondió a las preguntas con gran afectación y una voz deliberadamente afeminada. A la pregunta de qué haría si descubriera a un soldado alemán intentando violar a su hermana, éste respondió con aire falsamente púdico: «Ponerme en su lugar».

Cuatro son multitud (Iván Turgénev)

Cuando el escritor ruso Iván Turgénev se enamoró de la famosa cantante Paulina García, esposa de su amigo Louis Viardot, ninguno de los dos quiso renunciar a su amistad y aceptaron vivir una civilizada relación triangular. Un día el escritor, tras percatarse de que Paulina estaba siendo cortejada por un pianista, acudió preocupado a Viardot y le dijo: «Debemos tener los ojos bien abiertos. Me temo que Paulina está a punto de traicionarnos».

La triste rutina matrimonial (Virgina Woolf)

Cuando su futuro esposo Leonard le pidió matrimonio, la escritora británica Virgina Woolf se apresuró a aclararle que no sentía ningún tipo de atracción sexual por él. Aun así, ambos decidieron casarse basándose exclusivamente en su compenetración intelectual. Tras una serie de tentativas iniciales, sus relaciones sexuales se fueron haciendo cada vez más esporádicas hasta desaparecer por completo. Su vida conyugal le producía tal frustración que en su novela *Al faro*, Woolf describió el matrimonio como «un hombre y una mujer que observan a una niña que lanza una pelota».

Un ruidoso ritual (Camilo José Cela)

Según cuenta la *madame* de un conocido burdel de Barcelona, cada vez que paraba por la ciudad Condal el escritor Camilo José Cela tenía por costumbre visitar su famoso prostíbulo. Por lo general escogía a dos mujeres y, antes de entrar en faena, le gustaba presenciar cómo rompían vajillas enteras contra el suelo. «Por lo visto cuando era niño», explicaban las prostitutas, «la chica que le cuidaba recibía constantes reprimendas de la madre del autor por culpa de su torpeza. Él nos contó que la imagen de su madre regañando a la chica le resultaba tan excitante que le gustaba reproducir las escenas con nosotras».

Dos padres para un bebé (Voltaire)

Cuando sorprendió a su amada la marquesa Gabrielle con el poeta Saint-Lambert, Voltaire se enfureció tanto que quiso matar al rival. Los amantes le suplicaron que se mostrara tolerante como lo había hecho el marqués cuando el escritor y filósofo había comenzado su relación con la escritora. Voltaire se contuvo y a partir de aquel momento los tres vivieron juntos en armonía. Posteriormente la marquesa se quedó embarazada y el día del nacimiento del bebé Voltaire comentó a la madre con cierta crueldad: «Consideraremos a este niño una más de tus misceláneas».

Antigüedad clásica (Agatha Christie)

Después de doce años de feliz matrimonio con la dama del crimen, Archibald Christie aprovechó una tranquila velada para confesar a Agatha, como quien no quiere la cosa, que se había enamorado de una mujer mucho más joven y que quería el divorcio. Años después, recuperada del duro golpe, la novelista se casó en

«Cuanto más envejeces, más fascinante te encuentra.»

segundas nupcias con el arqueólogo Max Mallowan. A propósito de esta relación la escritora afirmaba: «Un arqueólogo es el mejor marido que una pueda tener. Cuanto más envejeces, más fascinante te encuentra».

No hay que mezclar conceptos (S.G. Colette)

La novelista francesa Sidonie Gabrielle Colette, famosa por su sensualidad y su afán trasgresor, no dudaba en pregonar su promiscuidad y su debilidad por los placeres de la carne. En una ocasión, hablando de la relación entre el amor y el sexo, declaró con sarcasmo: «Nadie debería practicar sexo con la persona a la que ama. Al final se echa todo a perder».

Chicos malos (Jean-Jacques Rousseau)

Cuando mantenía relaciones sexuales, al filósofo y escritor Jean-Jacques Rousseau le gustaba que le pegaran como a un «niño travieso». Según cuenta él mismo en su obra *Confesiones*, quedó fascinado por la flagelación cuando tan sólo tenía ocho años y su niñera, mademoiselle Lambercier, le propinó unos azotes por su mal comportamiento. No obstante el autor francés no fue el único escritor que experimentaba placer sexual siendo golpeado o golpeándose a sí mismo. Otros literatos reconocidamente masoquistas fueron Dostoievski, T. E. Lawrence o Samuel Jonson.

Con él llegó el escándalo (Oscar Wilde)

A pesar de estar casado y con hijos, Oscar Wilde era abiertamente homosexual. Su costumbre de provocar a la sociedad victoriana, tanto con su vestimenta como con sus comentarios subidos de tono, le llevó a presumir de haberse acostado con cinco jovencitos al mismo tiempo, añadiendo que su escasa higiene personal actuó como afrodisíaco. Cuando conoció a Walt Whitman que también era gay, Wilde escandalizó a los presentes besando apasionadamente al poeta americano en los labios.

Incesto consentido (Giacomo Casanova)

omo Casanova visto por Ludvik Glazer-Naude.

A pesar de haber pasado a la historia como un donjuán, capaz de seducir a las mujeres más refinadas gracias a su galantería y a sus dotes amatorias, muchas de las conquistas del escritor, erudito y filósofo veneciano Giacomo Casanova no fueron precisamente damas intelectualmente estimulantes, como él solía presumir. Mantuvo relaciones sexuales con prostitutas de bajísimo estrato social, perfectas desconocidas que encontraba por la calle e incluso con su hija Leonilda, con la que tuvo un hijo. «Nunca he entendido cómo un padre puede amar tiernamente a su hija sin haberse acostado con ella al menos una vez», declaraba. De hecho estuvo a punto de contraer matrimonio con ella, pero la madre de la joven se presentó en la iglesia, a tiempo para detener semejante despropósito.

El aristócrata pervertido (Lord Byron)

Tras perder la virginidad a la tierna edad de diez años con la niñera de la familia, el poeta romántico Lord Byron comenzó una larga vida de excesos y perversiones. Entre sus múltiples experiencias sexuales se incluyen el incesto con su hermanastra, la violación de su esposa apenas dos días después de dar a luz y el intento de abuso del hijo de su amante.

Entre las perversiones de Byron se cuentan el incesto, la violación y el intento de abuso.

La joven amante y el anciano escritor (Pablo Neruda)

En el año 2008, más de treinta años después de la muerte del escritor, salió a la luz un cuaderno manuscrito de poemas de amor escrito por Pablo Neruda y dedicado a una mujer misteriosa llamada Alicia. Poco después se descubrió que se trataba de una joven madre soltera sobrina de la esposa del poeta que la pareja acogió en su casa para que realizara las tareas domésticas. Por lo visto tía Matilde trataba a Alicia como a una cenicienta y el poeta, que por aquel entonces tenía sesenta y cinco años, no dudó en consolarla. El romance se prolongó durante ocho años hasta que la esposa los descubrió in fraganti y expulsó a Alicia de la casa. Poco tiempo después el matrimonio se trasladó a París, pero el escritor mantuvo una encendida relación por correspondencia con su joven amante hasta el mismísimo día de su muerte, tres años después.

Cree el ladrón... (W. Somerset Maugham)

Aunque estuvo casado y mantuvo relaciones con muchas mujeres, la primera experiencia sexual de W. Somerset Maugham fue homosexual, y probablemente pederasta. Por lo visto reprimió sus instintos por miedo a acabar en prisión como Oscar Wilde, pero en su madurez decidió darles salida mostrando su preferencia por jovencitos en edad escolar. En una ocasión declaró: «Si se hiciera pública la vida sexual de cada uno de nosotros, prácticamente todos sorprenderíamos y horrorizaríamos al resto de los mortales».

Vellofobia (John Ruskin)

En su noche de bodas, el escritor británico John Ruskin encontró tan repulsiva la imagen del vello púbico de la novia que en ese mismo momento decidió que no se acostaría con ella jamás. Unos años después la esposa, enamorada de otro hombre, logró que el matrimonio fuera anulado por «impotencia incurable». Pasado el tiempo Ruskin se enamoró de una niña de once años llamada Rose La Touche y esperó pacientemente a que ella cumpliera los diecisiete para pedir su mano. Cuando al final se decidió, los padres rechazaron la proposición porque habían oído hablar de la «mala fama» del pretendiente.

Matrimonio de conveniencia (W. H. Auden)

Aunque ambos eran homosexuales, en 1936 el poeta inglés W. H. Auden contrajo matrimonio con Erika Mann, hija de Thomas Mann, para que ella pudiera obtener el pasaporte británico. La joven escritora se había enfrentado a la dictadura nacionalsocialista fundando un cabaret antinazi en Munich y había sido declarada enemiga del Tercer Reich. El matrimonio fue concertado por un amigo común y la primera vez que se vieron fue el día de la boda. A pesar de que nunca vivieron juntos y, por supuesto, no mantuvieron relaciones sexuales, su peculiar matrimonio acabó convirtiéndose en una profunda amistad. Estuvieron legalmente casados hasta la muerte de Erika en 1969.

Por amor al arte (James Joyce)

A pesar de vivir atormentado por la posibilidad de que su esposa Nora le engañara debido a su impotencia, el escritor James Joyce acabó pidiéndole a ésta que se acostara con otros hombres para proporcionarle material con el que alimentar sus escritos. Aunque ella se negó en rotundo, el miedo a que su esposa le traicionara le sirvió como inspiración para desarrollar el triángulo amoroso de su obra *Ulises*.

Manteniendo las distancias (Jonathan Swift)

En la vida del escritor Jonathan Swift, famoso por su misoginia, existían dos mujeres que estaban perdidamente enamoradas de él: Stella y Vanessa. Éste se dejaba querer e incluso no tenía inconveniente en cortejarlas, pero eludía cualquier tipo de contacto físico. Al final Stella consiguió que se casara con ella, pero con la condición de que no vivieran juntos ni consumaran el matrimonio. Para evitar cualquier tipo de acercamiento, Swift insistía en que cada vez que la visitara hubiera al menos otra persona con ellos.

Sexoadicto (Víctor Hugo)

El escritor francés Víctor Hugo era célebre por su insaciable apetito sexual hasta el punto que, en su noche de bodas, mantuvo relaciones sexuales hasta en nueve ocasiones con su flamante esposa Adèle Foucher. Como no le bastaba con una sola mujer, también mantenía relaciones con sus sirvientas, a las que pagaba siguiendo un esquema estricto. Si la muchacha sólo se dejaba mirar los pechos, recibía unos pocos centavos, si se desnudaba del todo, pero el poeta no podía tocarla, cincuenta centavos y si consentía que la acariciara, un franco. En caso de que la joven le permitiera llegar a mayores, la retribución podía llegar a franco y medio y, si las prestaciones de ésta se demostraban excepcionales, incluso a dos. Asimismo, era un habitual de los burdeles de París y cuando murió, numerosas prostitutas asistieron a su funeral con un crespón negro en sus genitales en señal de duelo.

Adèle Foucher se consolaba de los escarceos amorosos de su marido en brazos de Sainte-Beuve, adversario encarnizado de Víctor Hugo.

De flor en flor (Bioy Casares)

Aunque estuvo casado durante más de medio siglo con Silvina Ocampo, Bioy Casares tenía fama de promiscuo, algo que él mismo admitió en su diario: «Cumplo mi sesenta y ocho aniversario escribiendo y acostándome con mujeres como siempre. Como hace cincuenta y cuatro años por lo menos». Según él no podía haber relación duradera sin amantes y donde mejor estaban las esposas era al otro lado del océano. Estuvo con una larga lista de mujeres entre las que se encontraba Elena Garro, esposa de Octavio Paz. Su esposa aceptó resignada sus infidelidades, hasta el punto que, dada su incapacidad para tener hijos propios, llegó a adoptar a una hija de su marido que fue concebida fuera del matrimonio.

Un amor imposible (Alejandro Dumas)

Cuando apenas tenía veintiún años, el joven Alejandro Dumas se enamoró perdidamente de Marie Duplessis, una famosa cortesana francesa con la que vivió una historia de amor llena de altibajos, reproches y celos. Él pretendía que la bella meretriz abandonara la vida licenciosa, pero la dama se había acostumbrado a vivir rodeada de lujo y no estaba dispuesta a renunciar a él. Al final Dumas rompió con ella con una sentida carta que decía: «No soy lo bastante rico para amarte como quisiera, ni lo suficiente pobre para ser amado como quisieras tú». Aun así, parece que la verdadera razón por la que la dejó era mucho menos poética: tenía miedo a contagiarse de tuberculosis, la enfermedad que poco después acabó con la vida de su

***En sus rodillas*, ilustración de Louis Icar para el libro *La dama de las camelias*, publicado en 1938.**

amada. Esta tormentosa relación y el trágico fin de la joven le inspiraron para escribir *La dama de las camelias*, el drama que sirvió como base para la ópera *La Traviata*.

Extraña perversión (Anatole France)

Hablando de la abstinencia sexual, el premio Nobel francés Anatole France declaró en una ocasión: «De todas las perversiones sexuales, la castidad es la más extravagante. En realidad los castos no existen, solo hay enfermos, hipócritas, maniáticos o locos».

Amor platónico (Petrarca)

A pesar de escribir apasionados sonetos de amor durante cuarenta y siete años a su virginal Laura, que según él encarnaba las virtudes cristianas y la belleza clásica, el poeta italiano Petrarca no se mantuvo fiel a su amada, sino que tuvo dos hijos de madre desconocida. Por su parte la hermosa Laura concibió once niños, todos ellos de su marido Hugo de Sade, con el que se había casado dos años antes de que Petrarca la descubriera. Aunque quizás el poeta italiano no estaría de acuerdo, desde el punto de vista literario se podría considerar una suerte que su amor nunca fuera correspondido pues, tal y como escribió Byron en su *Don Juan*, «si Laura hubiera sido la esposa de Petrarca, ¿crees realmente que le hubiera escrito sonetos durante toda su vida?».

Grabado de Laura de Noves, siglo XIX.

Nunca es tarde si la dicha es buena (Edith Wharton)

El día que contrajo matrimonio la escritora Edith Wharton, autora de la novela *La edad de la inocencia*, desconocía por completo en qué consistían las artes amatorias, lo que convirtió la noche de bodas en un auténtico desastre. La pareja no consiguió consumar el matrimonio hasta pasadas varias semanas y la experiencia fue tan traumática que provocó que Wharton sufriera frigidez durante más de veinte años. Cuando todo parecía perdido, la escritora conoció a Morton Fullerton, con quien inició una relación adúltera que cambió su vida por completo. De la mano de su amante, Edith se convirtió en una mujer ardiente y desinhibida, algo que comenzó a reflejarse en sus libros y escritos personales.

Perversiones ocultas (Gustavo Adolfo Bécquer)

Muy pocos conocen que Gustavo Adolfo Bécquer, considerado uno de los poetas románticos por excelencia, escondía tras su imagen meliflua una vena mucho más prosaica. En 1868 el escritor y su hermano, pintor y dibujante, se

entretuvieron en realizar un álbum de láminas satíricas titulado *Los Borbones en pelotas*. En él se caricaturizaba a Isabel II y a su corte mediante imágenes y textos abiertamente pornográficos. Algunas muestran al rey siendo sodomizado y a la reina participando en orgías o practicando la zoofilia. Como es natural el álbum no fue publicado en su día, y los aficionados a las curiosidades literarias no pudieron adquirir una copia hasta 1991.

(Fernando Pessoa)

Casto y puro (Fernando Pessoa)

Aunque Fernando Pessoa tuvo una relación amorosa con una mujer llamada Ofelia Queiroz a la que escribió numerosas cartas de amor, la mayoría de sus biógrafos considera que jamás mantuvo relaciones sexuales y que es muy probable que muriera virgen. El poeta portugués, que estuvo relacionado con el ocultismo y el misticismo, especialmente con la masonería y los Rosacruces, afirmaba que no quería manchar su humanidad con el sexo y en un poema escribió: «El amor es lo esencial / el sexo un accidente. / El hombre no es un animal, / sino carne inteligente, / aunque a veces enferma.»

Algunas veces el símbolo de la Rosacruz, normalmente compuesto de una o más rosas decorando una cruz, se acompaña con símbolos cabalísticos y alquímicos dependiendo de cada fraternidad.

«El amor es lo esencial, el sexo un accidente.»

Un atraco poco rentable (Reinaldo Arenas)

Si atendemos a lo que cuenta él mismo en su novela autobiográfica *Antes de que anochezca*, en una ocasión el escritor cubano Reinaldo Arenas, homosexual confeso, fue asaltado mientras paseaba por Central Park. Los jóvenes atracadores le registraron en busca de dinero mientras le apuntaban a la cabeza con una pistola, aunque sólo encontraron cinco dólares. Siempre según el autor, le manosearon tanto que al final acabó haciendo el amor con ellos. Antes de que se marcharan el cubano les pidió que le dieran un dólar para regresar a su casa y estos accedieron.

La Importancia de llamarse Ernesto

OS GRANDES
SICOS DE LA
TERATURA
NIVERSAL

La Importancia de llamarse Ernesto

Escritor furtivo (Pablo Neruda)

El laureado escritor chileno conocido como Pablo Neruda se llamaba en realidad Ricardo Eliécer Neftalí Reyes. Aunque se trata de un nombre difícil y poco comercial, no fue ésta la razón por la que decidió cambiarlo. Él mismo relató en una ocasión que recurrió a un seudónimo con tan sólo catorce años para ocultar su actividad literaria a un padre que se negaba a tener un hijo poeta. El joven Ricardo extrajo el nombre de una revista, sin saber que en realidad pertenecía a un gran escritor checo con un monumento erigido en el barrio de Mala Strana de Praga. Años después, cuando visitó por primera vez el país eslavo, Neruda depositó una flor a los pies de su estatua.

Personalidad múltiple (Mariano José de Larra)

El escritor y periodista Mariano José de Larra, maestro de la crítica satírica tenía por costumbre firmar sus artículos con diversos seudónimos entre los que destacaban Fígaro, el Duende, el pobrecito hablador o el divertido Andrés

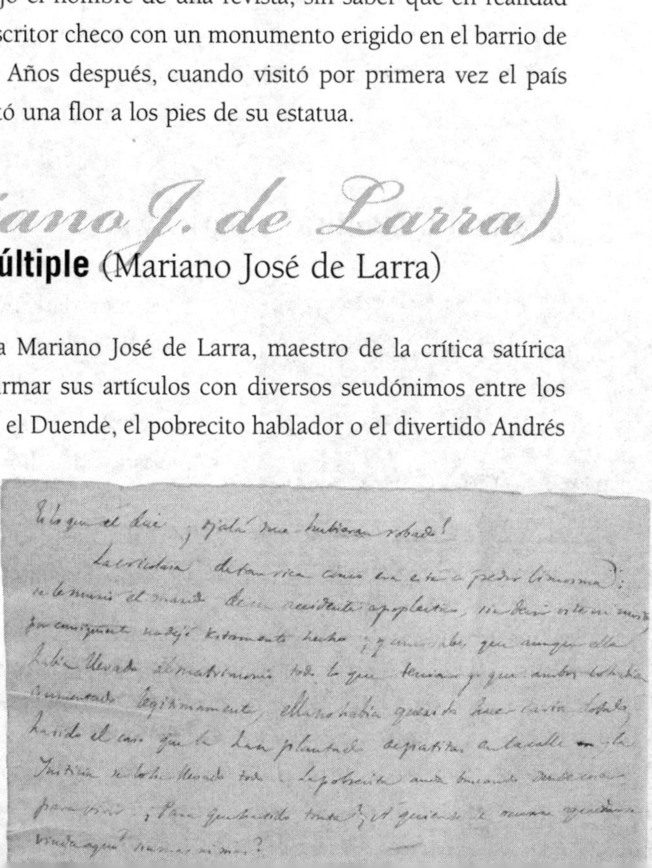
Es lo que él dice ¡Ojalá me hubieran robado!
La viudita de tan rica como era está a pedir limosna;

«Es lo que él dice; ¡Ojala me hubieran robado!». Así empieza esta carta manuscrita por Andrés Niporesas.

Niporesas. Sin embargo no se trababa de seudónimos al uso, sino de auténticos personajes ficticios a los que daba ideas y voces distintas y que en ocasiones incluso discutían entre sí.

(A. L. A. Dupin)

Explorando el lado oscuro (Amandine Lucie Aurore Dupin)

La escritora francesa Amandine Lucie Aurore Dupin, considerada como una precursora de los movimientos feministas, eligió para la publicación de sus obras un seudónimo masculino. Lo tomó del primero de sus innumerables amantes, el escritor Jules Sandeau, junto al cual escribió su primera novela *Rosa y blanco*, que ambos firmaron como J. Sand. Tras la ruptura no sólo cambió su nombre, sino que comenzó a vestir con prendas masculinas y a fumar puros para poder acceder a lugares y ambientes parisinos no muy recomendables para mujeres de su posición.

(Mark Twain)

¿Verdad o mentira? (Mark Twain)

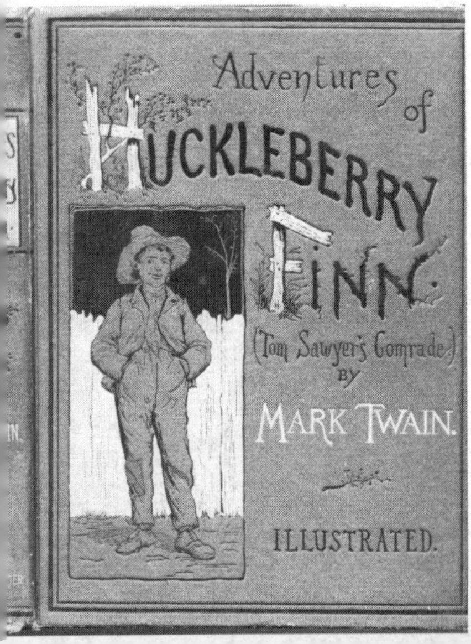

El escritor Mark Twain, autor de *Tom Sawyer* y *Huckleberry Finn*, se llamaba en realidad Samuel Langhorne Clemens. Cuando comenzó a trabajar como periodista humorístico decidió adoptar como nombre una expresión utilizada por los marineros del río Misisipi que significa «dos brazas» la profundidad mínima necesaria para una

Cubierta de la edición inglesa de *Las aventuras de Huckleberry Finn* con ilustración de E. W. Kemble, Nueva York, 1885.

buena navegación. Aunque en una ocasión el autor declaró que lo había tomado prestado de un conocido capitán de barco llamado Isaiah Sellers que publicaba ensayos y cartas en varios periódicos, muy pronto se descubrió que se trataba de una más de las múltiples falsedades que se divertía en contar sobre sí mismo.

Yo soy yo y tú eres tú (Evelyn Waugh)

Durante toda su vida el escritor Evelyn Waugh autor de *Retorno a Brideshead* tuvo que enfrentarse a infinidad de equívocos y malos entendidos a causa de su singular nombre de pila. Aunque en épocas anteriores se usaba tanto para hombre como para mujer, en el siglo XX se había convertido en un nombre casi exclusivamente femenino. Para colmo el escritor, que estaba traumatizado por este hecho fruto de un capricho de su madre, se enamoró de una mujer con la que compartía el mismo nombre. Para distinguirlos sus amigos y conocidos debían añadir siempre los pronombres personales «ella» o «él» (*He-Evelyn* y *She-Evelyn*). Afortunadamente para ellos, aunque no para el escritor, su esposa resolvió el problema abandonándolo por un amigo común llamado John Heygate.

Doble vida (Agatha Christie)

En un periodo en el que gozaba de un gran prestigio como escritora de novelas de misterio, Agatha Christie adoptó el seudónimo de Mary Westmacott para firmar seis novelas románticas. Por lo visto lo hizo aconsejada por su editor, que temía que sus seguidores se sintieran decepcionados por esta nueva vertiente creativa de su autora favorita. De hecho Christie se vio obligada a mantener el secreto durante varias décadas.

Vocación equivocada (John Le Carré)

Cuando empezó a escribir novelas de espionaje, el joven David John Moore Cornwell trabajaba para el servicio secreto británico. Por evidentes razones de seguridad, el Ministerio de Asuntos Exteriores de su país no le permitió que publicara con su propio nombre, por lo que tuvo que esconder su verdadera identidad tras el seudónimo de John Le Carré. Aunque las dos primeras, *Llamada para un muerto* y *Un asesinato de calidad*, pasaron bastante inadvertidas, la tercera, *El espía que surgió del frío*, se convirtió en un fenómeno literario a escala mundial. Este hecho le obligó a abandonar su labor como espía y a esconderse en una pequeña localidad de Cornualles llamada Tregiffian, que significa «refugio junto al mar». Desde allí ha escrito diecinueve libros más, la mayor parte de ellos con un notable éxito de ventas.

Muerto en extrañas circunstancias (Stephen King)

Al inicio de su carrera, en un periodo en el que empezaba a destacar como escritor de novelas de misterio, Stephen King publicó varios libros bajo el seudónimo de «Richard Bachman». Por aquel entonces a los editores les parecía contraproducente que un autor publicara más de un libro al año por lo que King, que siempre ha sido un autor muy prolífico, adoptó un seudónimo para poder sacar a la venta toda su producción. Por otro lado esperaba que le sirviera para descubrir si el éxito de sus novelas se debía a su talento o era fruto del azar. A propósito de una de estas

Foto de Richard Bachman según los editores.
Bachman tuvo una mujer llamada Claudia Inez, y un hijo que murió en un accidente. En 1982 le extrajeron un tumor de la base del cerebro, y murió de cáncer en 1985. Su mujer publicó, de manera póstuma, su última obra.

novelas, titulada *Maleficio*, un crítico escribió: «Es el tipo de libro que escribiría Stephen King si supiera escribir». Tras ser descubierto, King comunicó que Bachman había fallecido de cáncer de seudónimo y las ventas de estos libros se multiplicaron de manera exponencial.

Broma pesada (Jorge Luis Borges y Adolfo Bioy Casares)

En 1942 los escritores argentinos Jorge Luis Borges y Adolfo Bioy Casares decidieron publicar, por pura diversión, varios relatos de corte policíaco reunidos bajo el título *Seis problemas para don Isidro Parodi.* Su intención era parodiar la novela negra norteamericana y para ello utilizaron el seudónimo de Honorio Bustos Domecq nacido de la unión de los apellidos de los bisabuelos de sendos autores. El libro venía precedido de una detallada biografía del supuesto autor, firmada por una tal Adelma Badoglio y de una pomposa presentación escrita por un imaginario amigo de Bustos Domecq llamado Gervasio Montenegro. El inesperado éxito de la obra ayudó a prolongar la broma y permitió que los autores se divirtieran de lo lindo criticando el estilo barroco y el intolerable sentido del humor del misterioso escritor. Veinticinco años después los escritores argentinos publicaron un nuevo libro con este seudónimo, *Crónicas de Bustos Domecq*. Según explicó años después Bioy, tuvieron que acabar la colaboración porque el personaje se les acabó yendo de las manos.

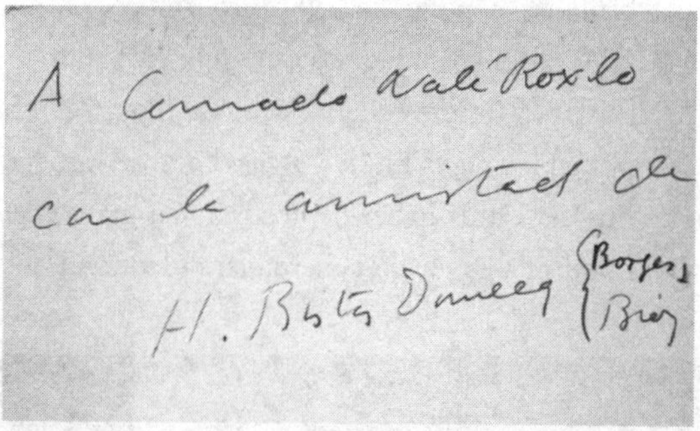
A Conrado Nalé Roxlo
con la amistad de
H. Bustos Domecq {Borges, Bioy

Dedicatoria autógrafa de Adolfo Bioy Casares, firmada por él y Jorge Luis Borges, al escritor Conrado Nalé Roxlo.

Los hermanos Bell (Hermanas Brönte)

Durante el siglo XIX muchas escritoras se veían obligadas a escribir con seudónimos masculinos para evitar los prejuicios contra la literatura femenina. Este es el caso de las hermanas Charlotte, Emily y Anne Brönte cuya primera publicación fue una obra conjunta titulada *Poemas de Currer, Ellis y Aston Bell*. Las jóvenes decidieron camibar sus nombres a raíz de que Charlotte mandara sus escritos al poeta Robert Southey, para saber si podría ganarse la vida escribiendo. Este le contestó: «La literatura no es asunto de mujeres, y no debería serlo nunca. Cuanto más ocupada esté con sus propios deberes, menos placer obtendrá de ella, ya sea como perfeccionamiento o como ocio. No ha sido usted llamada a estos deberes, y cuando lo sea, tendrá menos ansias de celebridad». A pesar de este duro golpe Charlotte no perdió la esperanza y en 1847 publicó su famosa obra *Jane Eyre*, con el nombre de Currer Bell. El libro tuvo una impresionante acogida, como también *Cumbres Borrascosas* escrita por su hermana Emily y *Agnes Grey* de Anne, que vieron la luz ese mismo año. En 1848, tras haber demostrado su gran valía, Charlotte visitó a su editor en Londres y le reveló la verdadera identidad de los Bell.

Charlotte y Emily Brönte.

«La literatura no es asunto de mujeres...»

Carolus Ludovicus (Charles Lutwidge Dodgson)

Cuando empezó a publicar poemas y pequeñas historias de humor en varias revistas, el diácono Charles Lutwidge Dodgson, profesor en la Universidad de Oxford, ya había publicado varios tratados de matemáticas con su verdadero nombre. Fue precisamente el director de una de estas revistas quien le sugirió el uso de un seudónimo. Dodgson, aficionado a los juegos de palabras, decidió traducir sus nombres propios al latín que se convirtieron en «Carolus Ludovicus» y posteriormente invertirlos y transformarlos en nombres ingleses. Fue así como nació Lewis Carroll, el seudónimo con el que pasó a la historia tras escribir *Alicia en el país de las maravillas*.

Elección acertada (Karen Blixen)

Tras regresar a Europa después de diecisiete años en Kenia, la baronesa Karen Blixen, de origen danés, decidió consagrar el resto de su vida a la literatura escribiendo varios libros de relatos y unas memorias en las que relataba sus experiencias africanas. Tras ser rechazada por los editores daneses e ingleses, Blixen decidió probar suerte en Estados Unidos, pero esta vez utilizando el seudónimo masculino Isak Dinesen. Las obras tuvieron una gran acogida y la baronesa se convirtió en autora de culto para creadores como Orson Welles, Truman Capote o Elisabeth Bishop. Veinte años después de su muerte, su obra *Lejos de África* inspiró la película de Sidney Pollack *Memorias de África*, que consiguió siete estatuillas de la Academia de Hollywood y que disparó las ventas de sus libros en todo el mundo.

La misteriosa espía que me amó (Ian Fleming)

A pesar de que en la historia de la literatura suelen ser las mujeres las que publican con seudónimos masculinos, en ocasiones también sucede al con-

Sir Ian Fleming fue Vivienne Michel.

trario. Este es el caso de muchos hombres que se dedican a escribir novelas románticas, pero también el de Ian Fleming, autor de la saga de James Bond. Su primera novela *La espía que me amó* está escrita en primera persona y cuenta la historia desde la perspectiva de la protagonista, Vivienne Michel. Aparentemente, tanto el autor como la editorial querían presentar el libro como un manuscrito encontrado por Fleming y escrito por una mujer real. Al final la idea fue descartada, aunque se publicó incluyendo a Michel como coautora.

Juego de palabras (François-Marie Arouet)

Tras haber pasado un año encarcelado en la Bastilla por haber escrito unos versos irrespetuosos contra el Duque de Orléans, el poeta dramaturgo y filósofo François-Marie Arouet decidió adoptar un seudónimo que le permitiera romper con su vida anterior. Para ello eligió el nombre «Voltaire», un anagrama de «*arovet li*,» la traducción al latín de su apellido más las iniciales de «*le jeune*» (el joven). Si se altera el orden de las sílabas el nombre también hace referencia a una finca, propiedad de su familia llamada Airvault que se encontraba en la provincia de Poitou.

Un seudónimo precoz (Anne Rice)

La escritora Anne Rice, autora de *Confesiones de un vampiro*, se llamaba en realidad Howard Allen O'Brien. Por lo visto su madre no tuvo mejor ocurrencia que llamarla igual que su padre, por lo que le puso un nombre típicamente masculino. A la edad de seis años, cuando acudió por primera vez a un colegio católico, la niña decidió decir a las monjas que se llamaba Anne. Su madre, consciente de los complejos que le causaba su verdadero nombre, decidió no corregirla y desde entonces todo el mundo empezó a llamarla así. Cuando se inició como escritora adoptó el apellido del marido Rice pero éste también lo cambió para escribir novelas históricas y literatura erótica bajo los seudónimos

***Lestat, el vampiro* es el segundo libro de las *Crónicas vampíricas* de Anne Rice.**

A.N. Roquelaure y Anne Rampling. No obstante mantuvo siempre el nombre propio que eligió cuando todavía era una niña.

Indecisión (Georges Simenon)

Una de sus novelas bajo el seudónimo de George Sim.

Antes de crear al comisario Maigret, personaje que le proporcionaría fama internacional, el prolífico escritor belga Georges Simenon había escrito ya ciento setenta novelas. A pesar de tener sólo veintiocho años, no sólo había demostrado una gran capacidad de trabajo, sino también una gran indecisión, pues había cambiado de seudónimo hasta en veintisiete ocasiones. Entre los más recurrentes se encuentran Georges Sim, Jean du Perry, Gom Gut o Christian Brulls. Por lo visto al final se cansó de estos continuos cambios de identidad y acabó firmando sus obras más conocidas con su verdadero nombre, con el que ha pasado a la posteridad.

Un apellido difícil de pronunciar (Italo Svevo)

El escritor italiano Italo Svevo, cuyo verdadero nombre era Ettore Schmitz, era hijo de madre italiana y padre alemán y pasó la mayor parte de su infancia y adolescencia entre Trieste, su ciudad natal, y Munich, donde asistió a un colegio interno. La naturalidad con que vivía su doble nacionalidad se puso de manifiesto cuando eligió el seudónimo literario con el que se le conoce universalmente. Cuando en una ocasión le preguntaron por qué había decidido cambiar de nombre, el escritor contestó: «Me daba pena ver esa pobre e insignificante vocal rodeada de un montón de feroces consonantes».

Cuestión de longitud (R. K. Narayan)

Como muchos otros escritores noveles, en sus inicios el indio Rasipuram Krishnaswami Narayanaswami tuvo ciertas dificultades para conseguir publicar sus obras. Después del rechazo que su novela *Swami y sus amigos* obtuvo por parte de varias editoriales, decidió enviar el manuscrito a un amigo que vivía en Gran Bretaña. Éste lo mostró a Graham Greene, otro joven escritor al que las cosas le iban mucho mejor, que quedó gratamente sorprendido por la novela, en la que encontró «esa combinación de belleza y tristeza de las obras de Chejov». Entonces le sugirió que debía hacer algunos cambios en su estilo pero, sobre todo, acortar el nombre. Según Green ayudaría a que «las ancianas que trabajaban en las bibliotecas fueran capaces de recordarlo». Los consejos surtieron efecto y en la actualidad se le conoce como R. K. Narayan, considerado como uno de los mejores escritores indios de todos los tiempos.

Escritores en cautiverio

Escritores en Cautiverio

El mártir de las catacumbas (San Pablo)

Tras haber recorrido medio mundo pregonando la doctrina cristiana, el apóstol San Pablo, cuyo verdadero nombre era Saulo de Tarso, fue detenido en la periferia de Roma por el emperador Nerón y recluido en la cárcel Marmetina en el célebre calabozo Tullianum. Se trataba de una antigua cisterna etrusca, húmeda y oscura, excavada en la roca, y con sólo un agujero en el techo para dar algo de aire y luz al prisionero. Allí permaneció durante dos años y durante el cautiverio escribió algunas de las epístolas que aparecen en el Nuevo Testamen-

«Yo ya estoy para ser ofrecido en sacrificio...»

San Pablo escribiendo una de sus epístolas, según un lienzo del siglo XVI.

to. En ellas cuenta los sufrimientos de la vida carcelaria y su miedo cerval a la muerte, aunque siempre con una actitud resignada. «Yo ya estoy para ser ofrecido en sacrificio; ya se acerca la hora de mi muerte». Finalmente fue decapitado con una espada cerca de la Via Ostia, donde hoy se encuentra la Abadía delle Tre Fontane, llamada así por tres fuentes que, según la tradición, surgieron cuando su cabeza, separada ya del cuerpo, rebotó tres veces. Tanto este lugar como su prisión pueden ser visitadas por los fieles y turistas que visitan la Ciudad Eterna.

El valor de la libertad (Miguel de Cervantes)

El escritor más ilustre de la lengua española, Miguel de Cervantes, conoció de primera mano el auténtico significado de la vida en cautiverio, algo que le marcó profundamente. Tras haber permanecido preso durante cinco años en Argel a manos de los otomanos, de regreso a España el novelista se intentó ganar la vida como recaudador de impuestos. Fue entonces cuando fue encarcelado hasta en dos ocasiones, acusado de apropiarse de un dinero que no era suyo. Precisamente, en la cárcel Real de Sevilla fue donde concibió y escribió los primeros capítulos del *Quijote* una obra en la que ensalzaba el valor de la libertad: «La libertad, Sancho, es uno de los más preciosos dones que a los hombres dieron los cielos; con ella no pueden igualarse los tesoros que encierra la tierra ni el mar encubre; por la libertad, así como por la honra, se puede y debe aventurar la vida, y, por el contrario, el cautiverio es el mayor mal que puede venir a los hombres».

Vida de presidiario (François Villon)

El escritor François de Montcorbier, conocido como François Villon y considerado el precursor de la poesía maldita, fue uno de los principales poetas franceses del siglo XV. Según parece era un personaje marginal que a la edad de veinticuatro años se vio envuelto en una trifulca en la que resultó muerta una persona. Villon pasó los siguientes ocho años de su vida saliendo y entrando de la prisión por varios delitos, incluido el robo en el Colegio de Navarra. Tras ser puesto en libertad a raíz de una visita de Luis XI, ingresó de nuevo en prisión y fue condenado a la horca. Este hecho le impulsó a escribir *La balada de los ahorcados*, su obra más célebre. En última instancia, la pena fue conmutada por diez años de destierro y a partir de entonces se perdió por completo su rastro, por lo que se desconoce dónde y cuándo murió. Entre sus principales escritos están *Los Lais*, también conocidos como *El pequeño testamento*, y *El gran testamento* donde relata su vida de delincuente, el horror del cautiverio y el miedo a la muerte.

El recluso más pervertido (Marqués de Sade)

Donatien Alphonse François de Sade, conocido por su título de marqués de Sade, pasó treinta años de su vida encerrado en diversas cárceles, fortalezas y manicomios por sus escritos obscenos y diversos escándalos sexuales, entre los

Geoffrey Rush asumiendo el papel de Marqués de Sade en el film *Quills.*

que se incluye la flagelación de una prostituta y el envenenamiento de otras cinco con la supuestamente afrodisíaca «mosca española». Aunque empleó la mayor parte de su reclusión en leer y escribir, las condiciones deplorables de las cárceles de la época le provocaron diversos episodios de paranoia. Posteriormente fue recluido en Bicétre, una institución a medio camino entre una cárcel y un psiquiátrico conocido como «la Bastilla de los canallas», donde convivió con enfermos mentales, mendigos, sifilíticos, prostitutas y peligrosos criminales. Poco antes de morir, su familia consiguió que fuera trasladado al manicomio de Charenton, una institución privada en la que ingresó con el diagnóstico de «demencia libertina» y donde murió a los setenta y cuatro años.

Promesas de futuro (Voltaire)

El filósofo y escritor Voltaire fue detenido y conducido a la cárcel de la Bastilla en varias ocasiones, casi tantas como tuvo que exiliarse. Una vez fue encerrado por haber escrito un panfleto contra las hijas del duque de Orléans, regente de Felipe II. Al cabo de un año el regente se apiadó de él, lo liberó e incluso le pagó una indemnización. El día en que se la entregó, Voltaire agarró el dinero y comentó: «Le agradezco a vuestra alteza que se ocupe de mi manutención, pero le pediría que en el futuro no se ocupe más de mi alojamiento».

Experiencia traumática (Charles Dickens)

La infancia del novelista británico Charles Dickens fue tan desgraciada como la de la mayoría de sus personajes infantiles. Siendo todavía un niño pasó una temporada en la cárcel a raíz de una condena que cumplía su padre por impago de sus numerosas deudas. Por aquel entonces se permitía a los condenados por morosidad compartir la celda con su familia, de la que Dickens salía sólo para trabajar durante doce horas en una fábrica de betún. Parece ser que las terribles experiencias que sufrió durante este periodo marcaron definitivamente su sensibilidad literaria y le inspiraron sus novelas *Oliver Twist* y *David Copperfield*, sus dos obras más autobiográficas.

Con la muerte de cara (Fiódor Dostoievski)

Cuando el escritor ruso Fiódor Mijáilovich Dostoievski era ya un escritor famoso, fue detenido y condenado a muerte por sus ideas revolucionarias y su participación en actos socialistas. Justo en el momento en que se encontraba ante el pelotón de fusilamiento con una venda en los ojos, la pena de muerte fue conmutada por cuatro años de trabajos forzados en Siberia. Tras su liberación en 1854, Dostoievski fue desterrado hasta 1859. De vuelta a San Petersburgo publicó *Recuerdos de la casa de los muertos*, obra en la que relata su traumática experiencia en Siberia.

Culpable de homosexualidad (Oscar Wilde)

En 1895, cuando se encontraba en la cima de su carrera, el escritor Oscar Wilde fue acusado de sodomía por el padre de su amante y compañero lord Alfred Douglas y sometido a un juicio que consiguió escandalizar a toda la clase media de la Inglaterra victoriana. Tras ser declarado culpable fue condenado a dos

años de trabajos forzados. En la cárcel, Wilde escribió *De profundis*, una extensa carta de arrepentimiento por su estilo de vida y, poco después de su puesta en libertad, relató la dureza del cautiverio y la desesperación de los presos en un intenso poema titulado *La balada de la cárcel de Reading*. Aun así, el ingenioso escritor intentó mantener siempre su actitud frívola y despreocupada, sobre todo durante la celebración del juicio. Cuando en una de las sesiones el fiscal le enseñó una carta y le preguntó si no reconocía que era inmoral, Wilde la hojeó unos instantes y respondió: «Es algo mucho peor que eso, está mal escrita».

Los campos de la vergüenza (Alexander Solzhenitsyn)

Solzhenitsyn calculaba que en 1953 en los campos de trabajo había veinticinco millones de presos.

En 1945 el escritor ruso Alexander Solzhenitsyn fue condenado a ocho años de trabajos forzados tras haber comentado en una carta a un amigo su decepción con el sistema. A partir de ese momento pasó por diversos campos de concentración en Siberia, conocidos como *gulags*, donde sufrió torturas y humillaciones y fue sometido a una total degradación. Cuando fue liberado reflejó sus experiencias y las de sus compañeros en su libro *Archipiélago gulag*, una obra que escribió prácticamente a escondidas mientras era vigilado por la KGB. Solzhenitsyn consiguió eludir a las autoridades soviéticas y entregar el manuscrito en un microfilm a unos amigos franceses. El libro fue publicado por primera vez en París en 1973 y logró conmover al mundo entero. Según comentó posteriormente, mientras se encontraba preso en el campo Solzhenitsyn no se atrevía a poner por escrito sus experiencias por miedo a las represalias, por lo que se acostumbró a reflejarlas a través de la poesía ya que le resultaba más fácil de recordar que la prosa.

Una celda en primera clase (Bertrand Russell)

En 1918 el escritor y filósofo Bertrand Russell fue privado de su plaza de profesor en el Trinity College y condenado a seis meses de prisión por oponerse a la entrada de Inglaterra en la Primera Guerra Mundial. Allí recibió un trato preferente y se le permitió disponer de material para leer y escribir, lo que le facilitó trabajar en su obra *Introducción a las matemáticas filosóficas*. En una ocasión, mientras leía la obra *Victorianos eminentes* de Lytton Strachey, Russell se reía con tanto gusto que uno de los funcionarios de prisiones tuvo que recordarle que se suponía que la cárcel era un lugar de castigo.

El buen ladrón (O. Henry)

Es más que probable que el escritor norteamericano O. Henry, seudónimo de W. Sydney Porter, nunca se hubiera dedicado a la literatura de no ser por su estancia en prisión. En 1895, siendo un simple contable, fue condenado a tres años de cárcel por el desfalco del First National Bank, donde trabajaba como cajero desde hacía cuatro años. Durante su estancia en prisión O. Henry comenzó a escribir relatos cortos, principalmente para poder conseguir algún dinero con el que mantener a su hija, que además había quedado huérfana de madre. Una vez cumplida su pena, se dedicó plenamente a la literatura consiguiendo el reconocimiento de la crítica y el público con sus más de trescientos relatos publicados.

Delincuente de profesión (Jean Genet)

El novelista, poeta y dramaturgo Jean Genet comenzó a tener problemas con la justicia a la edad de diez años, por lo que fue recluido en diversos reformatorios, acusado de varios hurtos menores. Posteriormente, tras servir durante un breve periodo en el ejército, prosiguió sus andanzas como delincuente por toda Europa, entrando y saliendo de la cárcel en numerosas ocasiones acusado de robo, mendicidad, falsificación de documentos, y conducta impúdica y obscena, ya que se prostituía en la vía pública. Tras diez condenas consecutivas fue sentenciado a cadena perpetua, pero la condena se revocó gracias a Jean-Paul Sartre, Jean Cocteau, Pablo Picasso y otros personajes de la vida artística e intelectual francesa que pidieron el indulto personalmente al Presidente de la República. Después de aquello Genet nunca volvería a ser encarcelado. Sus primeras obras fueron escritas en las cárceles de Fresnes, de Tourelles, y de la Santé y la mayor parte de ellas, como *El milagro de la rosa*, *El condenado a muerte* o la novela autobiográfica *Diario de un ladrón* reflejan sus experiencias como malhechor y su vida en prisión.

Fotograma de *Un canto de amor* (*Un chant d'amour*, 1950), obra mítica de Jean Genet que escenifica con maestría las estrategias para superar el obstáculo del contacto entre personas.

Una condena breve pero fructífera (Norman Mailer)

En 1967 el escritor Norman Mailer fue arrestado por desobediencia civil cuando participaba en la Marcha al Pentágono en protesta por la Guerra del Vietnam, durante la que provocó serios disturbios por vociferar y atacar a las autoridades en evidente estado de ebriedad. Fue sentenciado a treinta días de cárcel, aunque estuvo recluido sólo una noche tras conmutársele la pena por una multa de quinientos dólares. Esta experiencia le inspiró la obra *Los ejércitos de la noche*, con la que obtuvo un gran éxito y que le permitió ganar el premio de la Universidad de Long Island, el de la National Book Foundation y el Pulitzer. Anteriormente, en 1960, ya había estado a punto de ingresar en la cárcel por apuñalar a su mujer con un cortaplumas durante una discusión conyugal. Ella, presionada por el escritor y su familia, optó por no presentar cargos.

Un terrible despertar (Jack London)

Jack London fue arrestado por vagancia tras ser encontrado durmiendo a pierna suelta cerca de las cataratas del Niágara. Fue despiojado, encadenado y condenado a trabajos forzados durante treinta días bajo la vigilancia de un grupo de guardias armados. La humillación y la degradación que sufrió le atormentaron durante el resto de su vida.

Justicia poética (Émile Zola)

En 1897 el escritor naturalista Émile Zola se implicó activamente en la defensa del militar francés Alfred Dreyfus, condenado injustamente por espionaje. Dado el origen judío del condenado, se desató una cruenta campaña antisemita contra la que Zola escribió varios artículos, donde acuñó la famosa frase «la verdad está en camino y nadie la detendrá». Posteriormente publicó en el diario *L'Aurore* su célebre *Yo acuso* (*Carta al Presidente de la República*), que vendió trescientos mil ejemplares, y que provocó que el verdadero traidor, el comandante Walsin Esterhazy, fuera denunciado en un Consejo de Guerra. El gobierno reaccionó de forma inmediata contra Zola y, tras un agitado proceso por difamación, lo condenó a un año de cárcel y a una multa de siete mil quinientos francos que pagó su amigo y escritor Octave Mirbeau.

Los Escritores y la Censura

Los Escritores y la Censura

Escaso sentido del humor (Daniel Defoe)

En 1702 el escritor Daniel Defoe publicó un panfleto en el que sugería que todos los clérigos inconformistas, entre los que se encontraba él mismo, debían ser ahorcados. Aunque se trataba de un escrito sarcástico, sus palabras fueron tomadas muy en serio por las autoridades eclesiásticas de la época y fue encarcelado.

Daniel Defoe en el patíbulo. Grabado de J. S. Armytage según el dibujo de E. Crowe, 1902.

Un controvertido bigote (Alexander Solzhenitsyn)

En 1944 Alexander Solzhenitsyn fue ascendido a capitán tras haber combatido contra los nazis en el frente ruso durante la Segunda Guerra Mundial. De regreso a su país el escritor se sintió decepcionado por Stalin y escribió una carta a un amigo en la que se burlaba, entre otras cosas, del ridículo mostacho del dictador. La carta fue interceptada por el NKVD, el servicio de inteligencia precursor del KGB, y en febrero del año siguiente fue condenado a ocho años de trabajos forzados por «difundir propaganda antisoviética».

(Don Quijote)

Autocensura *(Don Quijote de la Mancha,* Miguel de Cervantes)

En una ocasión el embajador francés en España felicitó a Cervantes por la fama y reputación que había adquirido tras la publicación del *Quijote*. Tras agradecerle sus palabras el escritor se acercó al oído del diplomático y añadió: «Desgraciadamente existe la Inquisición, de lo contrario tenga por seguro que mi libro hubiera sido aún más divertido».

(Ulises)

Contrabando fallido *(Ulises,* James Joyce)

Cuando James Joyce intentó publicar en Estados Unidos su obra *Ulises*, el escritor se encontró con numerosos problemas porque, al parecer, la obra utilizaba un lenguaje blasfemo e inmoral. Aunque el libro había sido rechazado una y otra vez por las autoridades aduaneras y los servicios de correos, todavía no había sido vetado por la justicia, un requisito indispensable para poder ir a juicio y obtener un dictamen legal. Al final la editorial que pretendía publicarlo recurrió a un truco. Envió a un hombre a París, que se puso en contacto con la agente de Joyce y obtuvo un ejemplar del libro que debería ser confiscado en la aduana. Por desgracia, de vuelta a Nueva York, el enviado se encontró con unos aduaneros hastiados que lo invitaron a pasar sin siquiera abrir las maletas. Este protestó y exigió que revisaran su equipaje porque llevaba un libro prohibido. Cuando el funcionario descubrió el cuerpo del delito comentó: «¿El *Ulises*? ¡Pero si todos los turistas que vienen de Francia lo traen!». Aun así, se hizo cargo del libro y lo puso en manos de sus jefes. Este hecho sirvió como base para iniciar la querella, que terminó con el fallo absolutorio del juez, J.M. Wolsey, dictaminando que el libro podía ser «vomitivo, pero no inmoral».

En busca y captura (*Lisístrata*, Aristófanes)

Según cuentan, hace tan solo unas décadas un tribunal de Los Ángeles emitió una orden de arresto contra el mismísimo Aristófanes aludiendo que su controvertida obra *Lisístrata* contenía escenas de alto contenido sexual. Afortunadamente para el dramaturgo griego, la orden fue revocada después de que alguien comunicara al juez que éste había fallecido hacía más de veinticinco siglos.

El amante de «Lady Jane» (*El amante de Lady Chatterley*, D.H. Lawrence)

Cuando en 1928 se publicó por primera vez la novela *El amante de Lady Chatterley*, escrita por el británico D.H. Lawrence, ésta fue inmediatamente declarada obscena por sus descaradas descripciones del acto sexual y su lenguaje explícito. A partir de ese momento las autoridades prohibieron su difusión tanto en Inglaterra como en Estados Unidos, lo que enfureció terriblemente a Lawrence. El escritor tachó a los censores de analfabetos y aseguró que, si su obra hubiera tenido otro título, probablemente habría pasado la censura. Cuando se le preguntó como podría haberse llamado, Lawrence respondió: «Tal vez "Ternura", o mejor aún "John Thomas y Lady Jane"». Lo más divertido es que, en realidad, «John Thomas» es un popular eufemismo para referirse al órgano sexual masculino.

(Lo que el viento...)

El alto precio de la fidelidad (*Lo que el viento se llevó*, Margaret Mitchell)

Durante el rodaje de la película *Lo que el viento se llevó*, basada en el libro homónimo de Margaret Mitchell, el productor David O. Selznick recibió una comunicación de los censores en la que se explicaba que no podían admitir que se pronunciara la palabra *«damn»* en la pantalla, pues estaba incluida en la lista de

«Francamente, querida, me importa un bledo.»

Lo que el viento se llevó **es, todavía hoy, la película más taquillera de la historia, incluso por encima de *Titanic* y *Avatar*.**

vocablos prohibidos. La comunicación aludía a una frase muy concreta del guión que debía pronunciar el actor Clark Gable y que decía: «*Frankly, my dear, I don't give a damn*» (Francamente, querida, me importa un bledo). Selznick estaba consternado, pues no podía permitir que se cambiara una sentencia fundamental para la trama, de manera que escribió una carta a los censores que decía: «(...) La omisión de esta frase haría pensar a los espectadores que, tras tres horas y cuarenta y cinco minutos de extrema fidelidad al libro original, hemos decidido traicionar la obra de Margaret Mitchel... la Biblia de los americanos». Sorprendentemente los censores cedieron, pero multaron a O. Selznick con quince mil dólares por violar las normas establecidas.

(Kama sutra)

Neologismos (*El Kama sutra,* Richard F. Burton)

La primera traducción al inglés del antiguo manual erótico hindú conocido como *Kama sutra* la realizó el aventurero victoriano Richard F. Burton, que ya había traducido diversos libros orientales como *Las mil y una noches*. Para la publicación de este libro y de otras obras similares, Burton decidió fundar junto a su amigo F. F. Arbuthnot una sociedad que llamaron La Sociedad Kama Shastra de Londres y Benares. Con intención de evitar la censura no se les ocurrió nada mejor que mantener en el texto ciertas palabras en sánscrito, en concreto las que se referían a los órganos sexuales del hombre y la mujer. De este modo la obra quedó más o menos así: «Ella debe cerrar el *yoni* hasta que éste apriete el *lingam* como una mano, abriéndolo y cerrándolo a su gusto, como la mano de una campesina que ordeña una vaca».

(Tratado del mundo)

Quien espera, desespera (*Tratado del mundo,* René Descartes)

Alrededor de 1630, René Descartes comenzó la elaboración de un ensayo sobre astronomía en el que refrendaba las teorías copernicanas que postulaban el Sol, y no la Tierra, como el centro de nuestro sistema planetario. La obra debía titularse *Tratado del mundo* y todo iba a las mil maravillas hasta que, de repente, Galileo Galilei fue condenado por la Santa Inquisición por escribir una obra similar. El pensador y filósofo culminó la redacción del libro, pero renunció a publicarlo para no enfrentarse a la Iglesia, convencido de que antes o después el mundo entraría en razón y podría editarlo. «Espero que la posteridad me juzgue amablemente —escribió en una ocasión—, no sólo por las cosas que he explicado, sino también por aquellas que intencionadamente he omitido para dejar a los demás el placer del descubrimiento». Finalmente el tratado fue publicado en 1677 a instancias de Leibniz, veintisiete años después de la muerte del autor.

El saber no ocupa lugar (*La Enciclopedia*, Denis Diderot)

La condesa y marquesa Madame de Pompadour, amante del rey Luis XV, fue una de las principales impulsoras de *La Enciclopedia* de Diderot y defendió con tesón a los enciclopedistas frente a las facciones religiosas que abogaban por la

La marquesa de Pompadour favoreció el proyecto de *La Enciclopedia* de Diderot y protegió a los enciclopedistas. En su retrato, realizado al pastel por Maurice Quentin de La Tour, se atisban algunos tomos y láminas de *L'Enciclopédie*.

prohibición de sus obras. Según cuentan, la aristócrata consiguió su objetivo durante una fiesta celebrada en palacio a raíz de una discusión sobre la naturaleza de la pólvora. «Es extraño —comentó un duque—. Nos pasamos el día cazando perdices y matándonos unos a otros en la frontera y no tenemos ni la menor idea de cómo sucede». En aquel momento Madame de Pompadour, aprovechó la oportunidad para añadir: «¿Y qué me dicen de los polvos faciales? ¿De qué estarán hechos? Si no fuera porque habéis prohibido la enciclopedia, majestad, podríamos averiguarlo en un momento». A raíz de este comentario el rey mandó traer diversos volúmenes de su biblioteca y durante el resto de la velada los invitados se divirtieron de lo lindo investigando cómo se hacía la pólvora, los polvos faciales y muchas otras curiosidades. Poco después Luis XV levantó la prohibición.

(El Decamerón)

Correcciones necesarias (*El Decamerón*, Giovanni Boccaccio)

En 1559, un siglo después de la invención de la imprenta, la iglesia publicó su primer *Index Librorum Prohibitorum et Expurgatorum*, también llamado *Index Expurgatorius*, una lista de aquellas publicaciones que, según la Santa Inquisición, resultaban perniciosas para la fe. Uno de los primeros libros incluidos en la lista fue *El Decamerón*, de Giovanni Boccaccio, considerado la primera obra en prosa escrita en lengua italiana. La razón no era tanto las innumerables indecencias que contenía, sino sobre todo su descarado anticlericalismo. Para ser excluido del índice, Boccaccio realizó una versión «depurada», en la que las únicas modificaciones que introdujo fueron las de sustituir a los monjes y monjas que cometían impudicias por simples seglares y vírgenes. A partir de entonces *El Decamerón* se convirtió rápidamente en una de las lecturas preferidas por los clérigos.

Un futuro prometedor (George Bernard Shaw)

En una ocasión el escritor George Bernard Shaw se reunió con unos amigos que comentaban un suceso singular. Por lo visto la censura americana había prohibido la distribución de un libro escrito por un joven de tan solo diecisiete años, un crudo y cínico relato sobre las primeras experiencias de un adolescente. Tras escuchar la noticia Shaw exclamó divertido: «¡Un libro prohibido con sólo diecisiete años! Espero sinceramente que no se le suba a la cabeza».

Los Escritores y la Muerte

Los Escritores y la Muerte

Descanse en paz (Geoffrey Chaucer)

En el crucero sur de la Abadía de Westminster, situada en el corazón de Londres, se encuentra un lugar conocido como el Rincón de los poetas que durante siglos ha sido centro de peregrinación para los aficionados a la literatura. En este lugar se encuentran enterrados algunos de los mayores escritores británicos de todos los tiempos como Charles Dickens, Thomas Hardy, Ben Jonson, Rudyard Kipling, Alfred Tennyson, Edmund Spenser o Robert Browning. La tradición comenzó con Geoffrey Chaucer, autor de los *Cuentos de Canterbury*, aunque el privilegio de ser enterrado allí no se debió a sus méritos literarios, sino al hecho de haber participado en las obras de construcción del Palacio de Westminster. Además de las sepulturas, el lugar está lleno de placas conmemorativas, bustos y estatuas, incluido un monumento en memoria de William Shakespeare. Aun así algunos autores, tuvieron que esperar muchos años para ser

Tumba de Geoffrey Chaucer en el Rincón de los poetas. Ilustración de Herbert Railton (1857-1910).

considerados dignos de honrar el lugar. Este es el caso de Lord Byron o de Oscar Wilde, cuya placa fue colocada en 1995, cien años después de haber sido marginado por sus inclinaciones sexuales. Su verdadera tumba se encuentra en realidad en otro lugar famoso por albergar las tumbas de insignes escritores, el cementerio de Père-Lachaise en París. Allí se encuentran también los restos de Apollinaire, Balzac, Colette, Molière, Proust o Gertrude Stein.

En el momento justo, en el lugar indicado (Esquilo)

Se dice que el dramaturgo griego Esquilo murió a causa de un traumatismo craneoencefálico causado por una coincidencia fatal. Un águila, que sobrevolaba el lugar donde se encontraba, confundió su calva reluciente con una roca y lanzó sobre él una tortuga con la intención de romper su caparazón y comerse al pobre animal.

Error fatal (Percy B. Shelley)

Tras ser incinerado según sus deseos, el cadáver del poeta inglés Percy B. Shelley quedó completamente carbonizado aunque, milagrosamente, su corazón permaneció intacto. Sorprendido por este hecho su amigo Edward Trelawny lo rescató de la pira funeraria y lo entregó a su esposa, Mary Shelley que lo envolvió en un pañuelo de seda junto a una copia del poema *Adonais*. Después lo guardó en un cajón de su cómoda donde permaneció hasta su muerte, treinta años después. A pesar de todo, según los anatomistas es muy probable que Trelawny se confundiera y entregara a la viuda el hígado del poeta, el órgano del cuerpo humano que mejor resiste las altas temperaturas. Esta hipótesis estaría avalada por las palabras de la escritora, según la cual el corazón de su marido resultó ser extraordinariamente grande. Tras el fallecimiento de ésta el supuesto corazón fue enterrado en un ataúd de tamaño natural en el cementerio protestante de Roma cubierto por una lápida sobre la que se grabó la inscripción latina *Cor cordium*, que significa «corazón de corazones». Visto lo visto, quizás hubiera sido más apropiado escribir *Icer icerum* (hígado de hígados).

Mal momento para morir (Silvina Bullrich)

La escritora argentina Silvina Bullrich sentía tanto pánico a volar debido a la muerte de su hermana en un accidente aéreo que cada vez que subía a un avión debía calmar su angustia mordiéndose el dedo pulgar. En una ocasión, volviendo de una Feria del libro junto a otros escritores, el avión hizo escala en Córdoba donde embarcaron Borges y su madre. Mientras despegaban, Bullrich se sacó el dedo de la boca y comentó a una amiga: «¿Te das cuenta? si el avión ahora se cae, éste nos jode la necrológica. Todas las notas van a ser para él».

La mejor forma de afrontar la muerte (Ernest Hemingway)

En una ocasión un periodista preguntó a Ernest Hemingway si había algo que lamentaría antes de morir. El escritor, que no tenía pelos en la lengua, respondió: «El arrepentimiento es el lujo de quienes creen que vivirán de nuevo. Olvídese de toda esa basura: coraje, dignidad, arrepentimiento… Cojones, eso es todo lo que se necesita para morir bien. Cojones».

Un retrato de Ernest Hemingway, Milán 1918.

Un duro golpe para cualquiera (Charles Dickens)

Algunos escritores establecen una relación tan intensa con sus personajes que llegan a sentir hacia ellos un afecto que raya en lo patológico. Este es el caso de Charles Dickens que, tras redactar la muerte de la pequeña Nell en su obra *La tienda de antigüedades*, escribió a un amigo: «Me siento la persona más desdichada del mundo. Su muerte me ha sumido en una tristeza tan insoportable que creo que no podré seguir adelante... Nadie la echará tanto de menos como yo». Algo parecido le ocurrió a Boris Pasternak, el autor de *Doctor Zhivago*. Según contó su esposa en su autobiografía, un día le llamó por teléfono desde su casa en Perelkino hecho un mar de lágrimas. «¿Qué sucede?», le preguntó ésta alarmada. «Ha muerto, ha muerto», fue lo único que acertó a decir el escritor. Más tarde supo que, en aquel mismo momento, su marido acababa de terminar el desgarrador capítulo, en el que relata la muerte de su amado protagonista.

Muerte por arma arrojadiza (Terpandro de Lesbos)

El poeta griego Terpandro de Lesbos falleció de forma fulminante mientras cantaba sus poemas al son de una lira. Por lo visto un espectador le arrojó un higo con tanta puntería que se le metió en la boca y se le atascó en la tráquea.

Manos de mantequilla (Walt Whitman)

Poco antes de morir el poeta norteamericano Walt Whitman, decidió donar su cráneo a la ciencia para ayudar al desarrollo de la frenología, sobre la que había escrito varios artículos. Los seguidores de esta supuesta ciencia, muy popular durante el siglo XIX, creían posible determinar los rasgos de la personalidad e incluso las tendencias criminales de una persona estudiando las características de su cráneo y su cerebro. Por desgracia este generoso gesto no obtuvo los frutos esperados. Una vez en la Universidad de Pensilvania, justo en el momento en el que un patólogo iba a proceder a su estudio, un técnico de laboratorio dejó caer el frasco en el que se encontraba el cerebro y éste se estrelló contra el suelo. Evidentemente el preciado órgano quedó completamente inservible.

(Mark Twain)

Escrito en las estrellas (Mark Twain)

El escritor norteamericano Mark Twain nació en noviembre de 1835, justo dos semanas después de que del cometa Halley alcanzara su punto máximo de acercamiento al Sol. A la edad de setenta y cuatro años el escritor, que siempre consideró este hecho como una especie de señal divina, escribió en su autobiografía: «Vine al mundo en 1835 con el cometa Halley. Éste volverá el próximo año y espero marcharme de este mundo con él, de lo contrario, me llevaría la mayor decepción de mi vida. Estoy convencido de que Dios Todopoderoso se dijo a sí mismo: "Bueno, aquí tenemos a estos dos inexplicables fenómenos de la naturaleza; dado que vinieron juntos, es evidente que tendrán que irse juntos"». Tal y como él mismo profetizó, Twain murió el 21 de abril de 1910, un día después del punto más álgido del cometa a su paso por la Tierra.

(Voltaire)

Aventuras y desventuras de un cadáver (Voltaire)

Debido a sus innumerables manifestaciones contra la religión y la Iglesia, el escritor y filósofo Voltaire fue declarado hereje, lo que impedía que, una vez muerto, fuera enterrado en terreno consagrado. Tras su muerte y, ante la posibilidad de que su cuerpo acabara en una fosa común o tirado en una acequia, los familiares del filósofo y escritor decidieron extraer su corazón y su cerebro y preservarlos en un lugar seguro. A continuación, embalsamaron el resto del cadáver y lo sacaron de forma clandestina de París para darle sepultura en una abadía en Scillières. Años después, con la llegada de la Revolución francesa, el cuerpo fue trasladado a un suntuoso panteón en la capital, lo que conllevó que perdiera un pie y la mayor parte de los dientes. Los principales órganos vitales del escritor, por su parte, estuvieron pasando de unas manos a otras durante más de cien años.

Por si esto fuera poco, en 1814 un grupo de fanáticos religiosos profanó la tumba del escritor y arrojó su cadáver a un vertedero, mientras que el cerebro desapareció tras haber sido sacado a subasta. El corazón, que se sepa, se encuentra actualmente en la Biblioteca nacional de Francia, aunque, visto lo visto, no estaría de más que alguien comprobara su autenticidad de vez en cuando.

Voltaire, según una pintura de Nicolas de Largillière.

Solución salomónica (Thomas Hardy)

Aunque el cadáver de Thomas Hardy fue incinerado para ser enterrado en la abadía de Westminster, la familia quiso que se le extrajera el corazón con la intención de trasladarlo a la iglesia de Stinsford, el lugar donde había nacido y donde pasó la mayor parte de su infancia. Durante la operación todo estaba trascurriendo como estaba previsto cuando, de repente, el doctor que la realizaba fue requerido de urgencia. Cuando regresó, descubrió horrorizado que su gato se había comido parte de la ansiada reliquia que anteriormente había depositado en un recipiente junto al cuerpo. Al final se decidió que el animal fuera sacrificado y sus restos fueron enterrados junto a la parte de corazón que quedó intacta.

(Simone Veil)

Muerte solidaria (Simone Veil)

La escritora y filósofa de origen judío Simone Veil murió de inanición en un hospital de Londres en 1943. Aunque se encontraba convaleciente a causa de una tuberculosis, no quiso renunciar a su activismo político y decidió comer exclusivamente la misma cantidad de comida que los nazis proporcionaban a los ciudadanos franceses durante la ocupación. Poco después de comenzar la protesta falleció a causa de un fallo cardíaco a la edad de treinta y cuatro años.

(H. D. Thoureau)

Examen de conciencia (Henry David Thoureau)

Durante los últimos tres años de su vida el escritor norteamericano Henry David Thoureau vio como su salud se iba degradando poco a poco como consecuencia de una grave tuberculosis complicada con una infección pulmonar. Cuando se encontraba en sus últimos días, su tía Louisa se acercó a su lecho de muerte y le preguntó si quería hacer las paces con Dios. El escritor respondió sorprendido: «No sabía que nos hubiéramos peleado».

(Conan Doyle)

Muerte y resurrección (Arthur Conan Doyle)

Tras haber escrito veinticuatro novelas en seis años protagonizadas por Sherlock Holmes, Sir Arthur Conan Doyle decidió que quería dedicarse a la novela histórica, por lo que hizo que su célebre personaje muriera al caer por las cataratas Reichenbach junto a su archienemigo el profesor Moriarty. Este hecho decepcionó mucho a sus seguidores, pero el escritor se mantuvo impertérrito. Diez años después, sin embargo, una revista estadounidense le ofreció una cuantiosa suma de dinero si revivía a su personaje. El autor no pudo resistirse y empezó su primera historia con un Holmes que había estado escondido.

Muerte por sorpresa (Rudyard Kipling)

Una mañana, al abrir un periódico al que estaba suscrito, Kipling leyó con sorpresa el anuncio de su propia muerte. Ni corto ni perezoso escribió una carta al director donde decía: «Su periódico anuncia mi muerte. Como generalmente están ustedes bien informados, la noticia debe de ser cierta. Les pido, por lo tanto, que anulen mi suscripción, porque ya no me será de ninguna utilidad».

Profanadores de tumbas (Azorín y Pío Baroja)

Durante una época, Azorín y su amigo Pío Baroja, tomaron por costumbre visitar cementerios durante la noche. En una de estas incursiones acudieron al lugar donde reposaban los

restos de Mariano José de Larra para rendirle homenaje. Antes de entrar al cementerio la mujer que estaba en la puerta les advirtió que sólo podían entrar los familiares, a lo que Baroja contestó: «Es uno de los nuestros». Parece ser que tras depositar unos ramitos de violetas y leer un discurso, los escritores abrieron el nicho y Azorín cogió el cráneo de Larra entre sus manos para buscar el orificio de bala que segó su vida.

Metro arriba metro abajo (Molière)

A pesar de sufrir una grave enfermedad pulmonar el actor y dramaturgo Molière se negaba a retirarse de la escena, por lo que no es de extrañar que la muerte le sobreviniera tras sufrir una fuerte hemorragia durante una de sus representaciones. Aquel día interpretaba, curiosamente, el papel de Argan, el personaje principal de su obra *El enfermo imaginario*. Tras su muerte el arzobispo de París se negó a darle sepultura en tierra consagrada según los preceptos de la iglesia parisina que negaba la asistencia religiosa a rameras, cómicos, usureros y brujos. Su viuda, tras intentar, en vano, hacer recapacitar al prelado, decidió pedir la mediación del rey. Éste, para resolver la controversia, preguntó al arzobispo: «¿Qué profundidad alcanza el terreno consagrado?». «Cuatro metros», respondió éste. «Entonces que sea enterrado a cinco», concluyó el monarca.

El coste de morir (Oscar Wilde)

En los últimos años de vida, Oscar Wilde se quedó en la más absoluta de las miserias. Mientras agonizaba en la mísera habitación de un hotel de París oyó que uno de sus amigos discutía con el médico sobre quién se haría cargo de los gastos del funeral. El escritor intervino con un hilo de voz: «Es evidente que muero por encima de mis posibilidades».

Una rosa es una rosa (Rainer Maria Rilke)

El poeta austriaco Rainer Maria Rilke murió a los cincuenta y un años tras pincharse con la espina de una rosa mientras preparaba un ramo para regalárselo a una amiga. Este incidente, en apariencia sin importancia, derivó en una grave infección sanguínea que complicó la leucemia que padecía. Curiosamente en su lápida se puede leer un epitafio escrito por él mismo que reza: «Rosa, ¡oh! contradicción pura, placer, ser el sueño de nadie bajo tantos párpados».

Una costumbre peligrosa (Tennessee Williams)

El dramaturgo Tennessee Williams murió asfixiado tras ingerir accidentalmente el tapón de un frasco de colirio para los ojos. Aparentemente tenía la costumbre de sujetarlo entre sus labios mientras se ponía las gotas. Según el informe policial se encontraba bajo los efectos del alcohol y diversos barbitúricos.

Cálculos erróneos (Lope de Vega)

El dramaturgo Lope de Vega murió, el 27 de agosto de 1635 a los setenta y dos años. Su protector, el duque de Sessa, pagó setecientos reales para costear un fastuoso funeral que duró nueve días y que se convirtió en un homenaje multitudinario. Hubo ciento cincuenta oraciones fúnebres y doscientos autores escribieron elogios que fueron publicados en Madrid y Venecia. Luego, el cortejo recorrió las principales calles de Madrid hasta la desaparecida iglesia de San Sebastián, en donde debía recibir cristiana sepultura. Por desgracia, parece ser que el pago efectuado por el duque de Sessa no era suficiente y, ya que nadie se hizo cargo de la deuda, los huesos del literato fueron echados a un osario común en el cementerio adjunto. Actualmente se encuentran en paradero desconocido.

Conversión póstuma (Paul Claudel)

En el año 1955 el periódico *Nueva España* de Huesca publicó una necrológica que comenzaba de la siguiente manera: «Ha fallecido a los ochenta y siete años el famoso escritor y diplomático Paul Claudel». Tras repasar detalladamente la vida del escritor, el texto de la necrológica añadía: «Su vida se vio grandemente afectada por su conversión al catolicismo cuando tenía noventa y un años». Por lo visto el periodista que redactó el obituario no recordaba que, según había escrito él mismo en el encabezamiento, Paul Claudel murió antes de cumplir tal edad.

Felicitaciones con retraso (Juan Carlos Onetti)

Se cuenta que en el año 2000 la viuda del escritor uruguayo Juan Carlos Onetti recibió extrañada una carta muy formal que provenía del palacio de La Moncloa. Dos cosas sorprendieron a la mujer: la primera, que en el sobre aparecía como destinatario su esposo, y la segunda, que se trataba de un mensaje personal del entonces presidente José María Aznar en el que felicitaba al escritor por su onomástica. Por lo visto ninguno de sus asesores le advirtió que, por aquel entonces, Onetti llevaba más de seis años muerto.

Grave confusión (Honoré de Balzac)

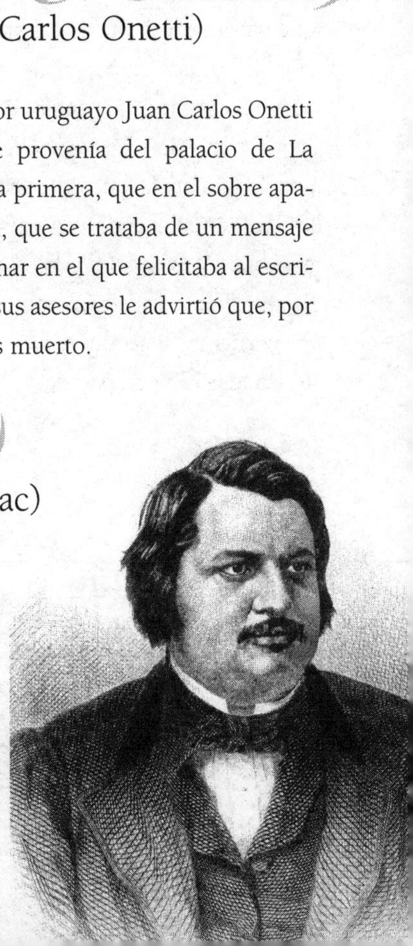

En su lecho de muerte, cuando parecía que nadie podía hacer nada por él, el novelista francés Honoré de Balzac miró fijamente al médico que le atendía y le imploró: «Tráiganme inmediatamente al doctor Biachon. Él me salvará». Por desgracia ni el médico ni nadie consiguió cumplir sus deseos. Biachon era en realidad unos de los más de doscientos personajes que poblaban su obra maestra *La comedia humana*.

(Dorothy Parker)

Una tierna despedida (Dorothy Parker)

En diciembre de 1940 Dorothy Parker acudió a un tanatorio de Los Ángeles para presentar sus respetos al recientemente fallecido Scott Fitzgerald, autor de *El gran Gatsby*. Una vez allí, para sorpresa de los asistentes, la escritora se acercó al cadáver de su amigo y, con gesto compungido, exclamó: «Pobre hijo de puta». Por extraño que pueda parecer, con sus palabras Parker estaba rindiendo un hermoso homenaje al que fue su amante durante un breve periodo de tiempo. La frase, que había sido escrita por el propio Fitzgerald, aparecía en su novela más conocida de boca de un personaje anónimo que asistía al funeral de Jay Gatsby. Días después el escritor fue enterrado en la iglesia de Saint Mary en Rockville bajo una lápida en la que se puede leer la última línea de esta misma obra: «Y así seguimos hacia delante, botes que reman contra corriente, incesantemente arrastrados hacia su pasado».

«Pobre hijo de puta.»

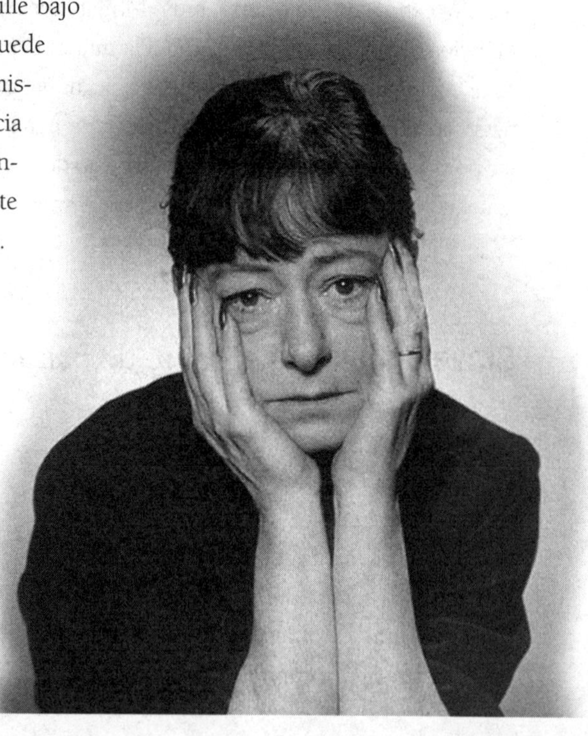

Dorothy Parker.

Decisión equivocada (Albert Camus)

En 1960 el escritor francés Albert Camus murió en un accidente de tráfico a la edad de cuarenta y cuatro años. Regresaba a París desde Aviñón junto a su editor y amigo Michel Gallimard, que conducía el coche, y la esposa y la hija de éste. En realidad Camus tenía intención de realizar el trayecto en tren, pues detestaba la velocidad y no le gustaban los automóviles, pero Gallimard le convenció para que viajara con él y su familia. Cerca de la ciudad de Sens el editor perdió el control del vehículo y se estrelló contra un árbol. Camus falleció de forma fulminante y Gallimard cinco días después. Entre las ropas del escritor la policía encontró un billete de tren. Paradójicamente, Camus siempre había dicho que la forma más absurda de morir era en un accidente de tráfico. Años después de la muerte de Camus, se publicaron dos novelas póstumas. La primera se titulaba *Una muerte feliz*, la segunda, *El primer hombre*, había quedado incompleta a su muerte. El manuscrito fue encontrado, junto con el famoso billete de tren, en el coche del fatídico accidente.

La tumba de Albert Camus en Lourmarin.

Último deseo (Carmen Martín Gaite)

La escritora salmantina Carmen Martín Gaite tenía por costumbre escribir sus vivencias e inquietudes en pequeños cuadernos que decoraba ella misma con dibujos y *collages*. Poco antes de morir de un cáncer terminal del que desconocía su existencia, tuvo que ser ingresada de urgencia en un hospital. Al segundo día de estar allí, su hermana Ana María le comunicó que tenía intención de ir a casa a recoger unas cosas. Antes de irse, le preguntó: «Carmen, ¿quieres que te traiga algo?». «Mis cuadernos», respondió ella. Cuando Ana María volvió, Carmen ya estaba muy mal. Aun así, tuvo tiempo de coger los cuadernos en los que estaba escribiendo su última novela y los estrechó entre sus brazos.

Premios Nobel

Premios Nobel

Hombre precavido vale por dos (Pablo Neruda)

Según cuenta su amigo García Márquez, el día que la Academia Sueca comunicó confidencialmente a Pablo Neruda que le habían concedido el premio Nobel de Literatura, éste decidió invitar a un grupo de allegados a cenar en París, donde entonces era embajador de Chile. Sin embargo el escritor no se atrevió a desvelar el motivo de la celebración a ninguno los presentes, entre los que se encontraban el mismo García Márquez y Julio Cortázar. Cuando finalmente los periódicos publicaron la noticia, el poeta se justificó diciendo: «Nunca creo en nada hasta que no lo veo escrito». En realidad, no le faltaban motivos para la desconfianza; hacía años que su nombre sonaba como favorito para el premio y una y otra vez los rumores se habían demostrado infundados.

Pocos días más tarde, mientras comía en un restaurante del Boulevard Montparnasse, recordó que aún no había escrito el discurso para la ceremonia de entrega, para la que apenas faltaban cuarenta y ocho horas. Ni corto ni perezoso agarró la hoja del menú y, sin levantar la vista del folio, escribió el discurso de aceptación.

Un toque de exotismo (Gabriel García Márquez)

En 1982, durante la solemne ceremonia en la que se le otorgaba el premio Nobel de literatura, el escritor colombiano Gabriel García Márquez decidió permitirse una pequeña trasgresión. El máximo exponente del realismo mágico, que presume de no haber usado nunca corbata, se negó a vestir el frac negro que exige el estricto protocolo de la Academia Sueca, afirmando que

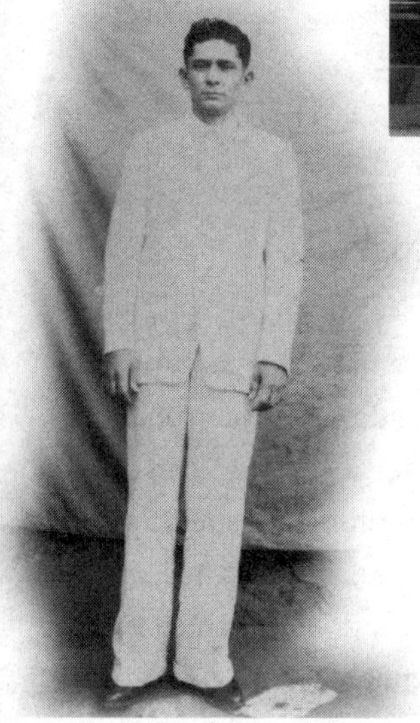

ponerse ese tipo de vestimenta le «traería mala suerte». En su lugar acudió vestido con un traje típico caribeño de lino blanco denominado liquilique y una rosa amarilla en la mano, flor que también llevaban sus cuarenta amigos asistentes a la ceremonia. La decisión de lucir esta prenda le valió numerosas críticas, entre ellas las de folclórico y cursi.

El liquilique es el traje típico de Los Llanos de Venezuela y el Caribe colombiano que popularizó García Márquez al decidir vestir este atuendo en la ceremonia de la Academia sueca.

Malas noticias (Samuel Beckett)

En 1969, mientras se encontraban de vacaciones en Túnez, el dramaturgo irlandés Samuel Beckett y su esposa de origen francés Suzanne recibieron un telegrama de su amigo y editor Jérôme Lindon en el que les comunicaba: «Queridos Sam y Suzanne. A pesar de todo, te han concedido el premio Nobel. Os recomiendo que os escondáis. Con cariño, Jérôme.»

Según relató posteriormente Suzanne, que conocía a la perfección el carácter extremadamente reservado de su marido, su primera reacción fue exclamar: «Quelle catastrophe». El autor, siempre celoso de su intimidad, siguió los consejos de su amigo, y no sólo no hizo ningún tipo de declaración oficial, sino que se negó incluso a asistir a la ceremonia de entrega. Aunque el embajador irlandés en Suecia se ofreció a recoger el premio en su lugar, el autor de *Esperando a Godot* prefirió que le representara su fiel amigo Jérôme.

Un repentino cambio de opinión (Boris Pasternak)

En plena Guerra Fría, cuando las relaciones entre ambos lados del telón de acero eran muy tensas, la concesión del premio Nobel de literatura de 1958 al escritor ruso Boris Pasternak, cayó como un jarro de agua fría en la Unión Soviética. La novela *Doctor Zhivago*, que le había hecho merecedor del galardón, había sido prohibida por el régimen comunista por considerarla antirrevolucionaria y había llegado al gran publico gracias a un editor italiano. Aunque en un principio el escritor se mostró agradecido y gratamente sorprendido por el premio, apenas unos días después envió una carta a la Academia en la que lo rechazaba. El gobierno soviético le había amenazado con expulsarlo del país si aceptaba el galardón.

¡Vayamos al grano! (William Butler Yeats)

Cuando en 1923 el entonces director del periódico *Irish Times*, comunicó emocionado a William Butler Yeats que le habían concedido el premio Nobel, éste, que estaba pasando serios apuros económicos, le interrumpió impaciente diciendo: «¡Por el amor de Dios, deje de balbucear y dígame de una vez cuanto dinero me van a dar!». Aquel año, la cuantía del premio ascendía a 114 935 coronas suecas, y a pesar de que la cantidad no era nada desdeñable, se trata de la suma más baja jamás concedida en la historia del premio desde su creación en 1901. Al día siguiente de conocer la noticia el escritor se fue directo a comprar una alfombra para cubrir los escalones de granito de su humilde casa en Dublín.

La importancia de puntualizar (José de Echegaray)

En 1904 el dramaturgo de Echegaray fue galardonado con el premio Nobel de literatura junto con el francés Frédéric Mistral. A pesar de que era la primera vez que un español recibía un premio Nobel, la decisión fue muy criticada por parte de sus colegas, sobre todo los pertenecientes a la vanguardia literaria que consideraban sus obras ñoñas y lacrimógenas. Estos incluso llegaron a difundir un manifiesto en su contra firmado por autores de la talla de Unamuno, Azorín, Baroja o Valle-Inclán. Este último, enemigo declarado del Nobel, escuchó en una ocasión a alguien que defendía la obra dramática del galardonado y lo insultó llamándole «pedazo de bruto». El caballero en cuestión agarró su bastón y le amenazó con golpearle si no retiraba lo dicho, a lo que Valle-Inclán respondió: «Bueno, retiro lo de pedazo».

(Günter Grass)

Lo que se da no se quita (Günter Grass)

Aunque la concesión del premio Nobel del año 1999 al escritor alemán Günter Grass gozó de una gran aceptación en todos los ámbitos literarios, muchos de los que la aplaudieron cambiaron de opinión tras la publicación en 2006 de su autobiografía *Pelando la cebolla*. En ella el escritor alemán confesaba que había sido miembro de las Waffen SS en su juventud y, lo que es peor, admitía haber ocultado este vergonzoso hecho durante la mayor parte de su vida. Miles de voces, algunas de gran envergadura, se alzaron en contra del autor y expresaron que debía devolver el premio Nobel. La mayoría coincidían en que la confesión resultaba

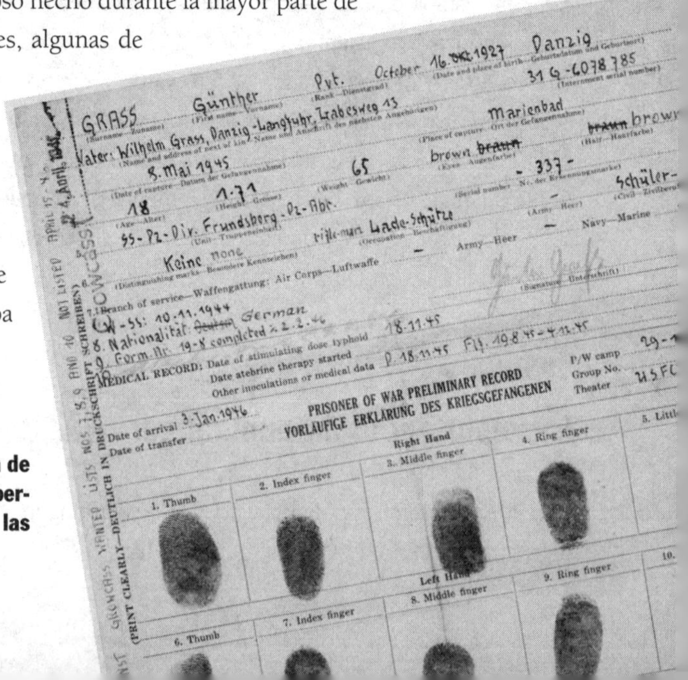

GRASS Günther Pvt. October 16. 1927 Danzig
31 G-6078785
Vater: Wilhelm Grass, Danzig-Langfuhr, Labesweg 13 Marienbad
8. Mai 1945 brown brown
18 1.71 65 - 337 -
SS-Pz-Div. Frundsberg-Pz-Abt. rifleman Lade-Schütze Schüler
Keine none
7. Branch of service—Waffengattung: Air Corps—Luftwaffe Army—Heer Navy—Marine
W-SS: 10.11.1944
8. Nationalität: German
9. Form-Nr. 19-8 completed
MEDICAL RECORD: Date of stimulating dose typhoid 18.11.45
Date atebrine therapy started
Other inoculations or medical data
P/W camp
Group No.
Theater U.S.F.C.
Date of arrival 3-Jan. 1946
Date of transfer
PRISONER OF WAR PRELIMINARY RECORD
VORLÄUFIGE ERKLÄRUNG DES KRIEGSGEFANGENEN
(PRINT CLEARLY—DEUTLICH IN DRUCKSCHRIFT SCHREIBEN)
Right Hand: 1. Thumb 2. Index finger 3. Middle finger 4. Ring finger 5. Little
Left Hand: 6. Thumb 7. Index finger 8. Middle finger 9. Ring finger 10.

Ficha de prisionero de guerra de Günter Grass, que indica su pertenencia a una unidad de las Waffen-SS.

tardía y que, teniendo en cuenta que había dedicado una buena parte de su vida a criticar el pasado nazi de su país, su silencio resultaba imperdonable. Aun así, el autor no devolvió el premio, lo que le habría convertido en un caso excepcional.

Cosa del demonio (George Bernard Shaw)

«Puedo perdonar a Alfred Nobel el haber inventado la dinamita, pero hace falta tener una mente muy diabólica para inventar el premio que lleva su nombre». Tras una declaración como ésta no es de extrañar que el dramaturgo George Bernard Shaw, poco amigo de los reconocimientos públicos, considerara seriamente la posibilidad de rechazar el premio Nobel de literatura de 1925. «Sin duda han querido premiarme para que tenga dinero y no escriba más, pero no lo conseguirán», manifestó a sus allegados. A pesar de sus reticencias, el escritor acabó aceptando el galardón a petición de su esposa, que le sugirió verlo como un tributo a Irlanda. No obstante, renunció a la retribución en metálico que, siguiendo sus indicaciones, sirvió para financiar las traducciones de libros suecos al inglés. A propósito de esta donación el irlandés declaró en una rueda de prensa: «El dinero es como un salvavidas que se lanza al nadador cuando ya se encuentra sano y salvo en la orilla».

Una visita de lo más inoportuna (Jorge Luis Borges)

Después de que el nombre de Jorge Luis Borges sonara como principal favorito para recibir el premio Nobel de literatura durante toda la década de los sesenta y la primera mitad de los setenta, todo apuntaba a que el año 1976 iba a ser el definitivo. Lamentablemente, unos meses antes de hacerse pública la identidad del galardonado, el escritor argentino cometió un error imperdonable que hizo que el jurado lo descartara definitivamente. El argentino no sólo tuvo a bien acudir a Chile a recibir un doctorado *honoris causa* de manos del general Pinochet, sino que en su discurso de aceptación se deshizo en elogios hacia el dictador. A partir de ese momento Borges fue eliminado de la lista de candidatos por los siglos de los siglos, aunque se lo tomó con bastante deportividad. Cuando en 1981 le preguntaron en una conferencia de prensa a qué atribuía que todavía no le hubieran otorgado el Premio Nobel de Literatura, Borges contestó: «A la sabiduría sueca».

Un discurso de lo más sui géneris (Dario Fo)

En el año 1997, la ceremonia de entrega del premio Nobel de Literatura, famosa por su rigidez protocolaria, se transformó en un inesperado espectáculo cómico-teatral por obra y gracia del dramaturgo y actor italiano Dario Fo. Para sorpresa de todos, tras haber demorado la entrega previa del discurso de aceptación, el galardonado se presentó a recoger el premio con una carpeta llena de folios que comenzó a repartir entre los asistentes. En lugar de un texto escrito, la concurrencia se encontró con una serie de dibujos de lo más variopintos realizados por el propio Fo. A continuación el escritor, conocido como *el juglar*, inició un monólogo de casi una hora que consiguió inundar la sala de carcajadas y que concluyó con una ovación de gritos y aplausos de más de diez minutos de duración.

Donde dije digo... (Jean-Paul Sartre)

En 1964, una semana antes de que se anunciara el premio Nobel de literatura, el filósofo Jean-Paul Sartre, principal favorito en las quinielas, avisó por escrito al comité que no deseaba el premio y que lo rechazaría en caso de que se le concediera. La Academia sueca desoyó sus amenazas y el escritor francés acabó cumpliendo su palabra. Su actitud escandalizó a medio mundo y el francés se justificó alegando que su aceptación implicaría perder su identidad de filósofo. Cuatro décadas más tarde un antiguo miembro del jurado relató en sus memorias que, pasados diez años, Sartre consultó si aún existía la posibilidad de cobrar el dinero que le habría correspondido. La Academia, naturalmente, lo ignoró.

La prensa rosa llego a insinuar que el rechazo del premio Nobel por parte de Sartre se produjo por evitar unos posibles celos de Simone de Beauvoir.

Barriendo para casa (Erik Axel Karlfeldt)

En 1931, y de forma excepcional, la Academia Sueca decidió entregar el Premio Nobel de Literatura a un escritor ya fallecido, en concreto al sueco Erik Axel Karlfeldt. La decisión resultaba cuando menos inexplicable, pues los estatutos del galardón dejan muy claro que éste «en ningún caso» puede concederse a título póstumo. En realidad Karlfeldt era un autor previsible y poco relevante pero que, sospechosamente, había ejercido durante años de secretario del Comité de Selección del Nobel. Sin lugar a dudas, hubiera resultado mucho más oportuno hacerle algún tipo de homenaje que ensalzara su función como académico en vez de poner en evidencia sus carencias como literato. Con esta inexplicable metedura de pata la Academia puso en tela de juicio su credibilidad, pues en numerosas ocasiones había descartado a escritores de talla mundial como Kafka y García Lorca porque la muerte les sobrevino demasiado pronto.

Criterios dudosos (¿Joyce?)

Con los años se ha demostrado sobradamente que no existe un criterio único de valoración para decidir quién es el candidato más idóneo para recibir el premio Nobel. No es ningún secreto que en numerosas ocasiones se han dejado a un lado los méritos literarios para dar prioridad a cuestiones políticas y que muchas veces se han otorgado premios que sólo pretendían acallar las quejas de países que se sentían ninguneados. Por otro lado, a menudo ha quedado en entredicho la imparcialidad de los miembros de la Academia, tal y como sucedió el año en que ganó Camilo José Cela. Simultáneamente con el anuncio del premio, aparecieron en Suecia las traducciones de las obras del autor español, realizadas por Knut Ahnlund. Curiosamente el escritor sueco no sólo formaba parte del jurado, sino que la propuesta de Cela como candidato había partido de él.

Al margen de todos estos tejemanejes, cabría esperar, al menos, que los integrantes del jurado tuvieran amplios conocimientos de literatura, pero igualmente se ha demostrado que no siempre es así. Cuando en 1946 le preguntaron al académico Sven Hedin si estaban considerando premiar a James Joyce, éste respondió sin inmutarse: «¿Y quién es ese Joyce?»

(A. Solzhenitsyn)

Premio con retraso (Alexander Solzhenitsyn)

En 1970 la Academia sueca decidió conceder su codiciado premio al escritor soviético Alexander Solzhenitsyn, según parece, después de asegurarse discretamente de que este hecho no acarrearía represalias contra él por parte del gobierno de la Unión Soviética. Aun así, el escritor rehusó viajar a Estocolmo por temor a que no le dejaran regresar nunca más a su país como ya había sucedido con Pasternak. A partir de ese momento comenzaron una serie de negociaciones para la celebración de una ceremonia pública en la embajada sueca en Moscú, algo que ya se había hecho en 1962 con el físico Lev Landay. Al final, Suecia se hechó atrás para no despertar la ira del gigante soviético, por lo que Solzhenitsyn, impotente, se vio obligado a postergar de forma indefinida la recepción de los honores que le correspondían. Por desgracia, no tuvo que esperar mucho, en febrero de 1974 fue expulsado de su país y en octubre de ese mismo año recibió su ansiado premio.

Precipitado gesto de generosidad (Iván Bunin)

En la mayoría de los casos ser galardonado con el premio Nobel se convierte en una especie de seguro de vida. Aun así, no siempre es el caso. Cuando el escritor ruso Iván Bunin ganó el premio Nobel en 1933, convencido de que el premio le aseguría grandes beneficios económicos, decidió donar el dinero a los escritores rusos en el exilio. Tiempo después, cuando se dio cuenta de que sus predicciones no se habían cumplido, recurrió a la Academia arrepentido y arruinado suplicando una ayuda económica.

Lío de faldas (Graham Greene)

Aunque durante la década de los cincuenta el nombre del escritor Graham Greene sonaba año tras año como uno de los más firmes candidatos para conseguir el premio Nobel, éste se topaba una y otra vez con un hueso duro de roer, la oposición del presidente de la Academia Artur Lundkvist. El académico tenía tan claro que Greene no debía ser premiado, que en una ocasión llegó a declarar: «para conseguir el Nobel tendrá que pasar por encima de mi cadáver». Aunque Lundkvist se limitaba a explicar su intransigencia declarando que la obra del escritor británico era «simple propaganda católica de la peor calidad», era evidente que su profunda animadversión no podía deberse a una simple cuestión de gustos. Según se cuenta en los

La actriz sueca Anita Björk (protagonista de la película *Miss Julie*, 1951) quizás fuera la causa de que a Greene no se le llegara a conceder el anhelado premio de la Academia sueca.

mentideros literarios, Lundkvist estaba celoso del mujeriego Greene a causa de su largo romance con la actriz sueca Anita Björk, viuda del escritor Stig Dagerman. Éste último, amigo personal del académico, se había suicidado apenas un año antes de que se hiciera pública la relación entre el escritor y la bella Anita. Al final Lundkvist se salió con la suya: Greene murió en abril de 1991 sin haber conseguido el premio Nobel, mientras que su eterno enemigo lo hizo en diciembre de ese mismo año.

Galardón histórico (Winston Churchill)

Exceptuando a los más versados en la historia del premio, la mayoría de la gente desconoce que uno de los pocos afortunados en recibir el premio Nobel de literatura fue, ni más ni menos, que el historiador y estadista Winston Churchill. El premier británico fue galardonado en 1953 por «sus magistrales exposiciones históricas y biográficas, y su brillante oratoria», a pesar de que sus únicas obras más o menos destacadas se reducen a *Memorias sobre la Segunda Guerra Mundial* y alguna que otra biografía. Aparentemente la Academia optó por concederle este premio porque no se atrevió con el de la paz, para el que llevaba propuesto desde 1946. No obstante sus aportaciones a la historia de la literatura son prácticamente nulas y jamás hubiera sido reconocido como escritor de no haber desempeñado un papel decisivo durante la Segunda Guerra Mundial.

«La historia será amable conmigo, porque tengo intención de escribirla.»

Estúpida elección (Anatole France)

Tras haber sido galardonado con el premio Nobel de literatura el escritor francés Anatole France asistió a la comida de gala en honor de los galardonados. Se sentía fuera de lugar entre toda aquella gente que no conocía y cuyo idioma no entendía. De pronto se quedó mirando a un invitado que se encontraba sentado frente a él y preguntó a la persona que estaba sentado a su lado: «¿Quién es ese refinado caballero que come delante de nosotros?», «¿Ese? —respondió el interpelado—. Es el Ministro de Agricultura». «¿Y en este país nombran Ministro de Agricultura a una persona que ni siquiera sabe pelar una pera?».

La venganza se sirve fría (Lewis Sinclair)

La concesión del premio Nobel de literatura al novelista Lewis Sinclair, primer norteamericano en recibir el premio, provocó una oleada de protestas que provenían de los sectores más conservadores de la élite cultural de su país y concretamente de la Academia Americana de Artes y Letras. Uno de sus miembros más destacados, el reverendo Henry van Dyke, llegó a afirmar que, al otorgarle este premio, la Academia Sueca estaba insultando a los Estados Unidos de América. El escritor aparentemente aceptó las críticas en silencio, pero aprove-

The New York Times Book Review
Section 5
A NEW NOVEL BY SINCLAIR LEWIS
"Work of Art" Gives Fresh Evidence of His Vitality

Un raro ejemplar del *New York Times Book Review*, de 1934, con el escritor estadounidense Sinclair Lewis en la portada, galardonado con el premio Nobel de literatura cuatro años antes.

chó la atención que se le prestaba en la ceremonia de entrega para arremeter contra el clérigo, empleando para ello la mayor parte de un discurso titulado «El miedo americano a la literatura».

(Thomas Mann)

Modestia (Thomas Mann)

Cuando supo que había sido elegido para recibir el conocido galardón en 1923 el escritor alemán Thomas Mann, autor de *La montaña mágica* comentó con su esposa Katia: «Podría haberle sucedido a cualquiera. No lo considero un gran logro, sólo un reconocimiento que le pueden conceder a cualquiera que escriba».

Thomas Mann (centro) con Hermann Hesse y Wassermann en las pistas de esquí de St. Moritz en 1931, dos años antes de su exilio y la llegada del nacionalsocialismo al poder.

(Gao Xingjian)

Las tribulaciones de un chino en París (Gao Xingjian)

Tras haber sido víctima durante años de la persecución y la censura, el escritor chino Gao Xingjian decidió autoexiliarse en París en 1988, una ciudad que le fascinaba desde niño. Un año después, tras la matanza de estudiantes de la plaza de Tiananmen, decidió solicitar la nacionalidad francesa, que le fue concedida de inmediato. Cuando en el año 2000 se le otorgó el premio Nobel de literatura, el entonces presidente del gobierno chino Zhu Rongji, manifestó con sarcasmo su satisfacción por haber sido galardonado un escritor francés que escribía en chino.

Genio y Figura

Genio y Figura

Una dulce reencarnación (Arthur Miller)

Según admitía él mismo, en la vida del dramaturgo Arthur Miller el sexo tenía un papel fundamental. En una ocasión, preguntado sobre el tema declaró: «El sexo es una de las nueve razones que justificarían la reencarnación. Las otras ocho son completamente irrelevantes».

Escritor voraz (Jorge Luis Borges)

Durante una entrevista en Roma, un periodista con cierta mala idea intentó una y otra vez poner en aprietos a Jorge Luis Borges. Al ver que no lo lograba, decidió sacar toda la artillería. «¿Y en su país todavía hay caníbales?», preguntó provocador. «Ya no —contestó Borges impasible—. Nos los comimos a todos.»

Un literato en rebeldía (Francisco de Quevedo)

En el Madrid del siglo XVII era muy común orinar en la calle, y más concretamente en las esquinas. Debido al insoportable hedor que esta costumbre provocaba, las autoridades decidie-

La Plaza Mayor hacia el siglo XVII. Anónimo del s. XVII (Museo Municipal de Madrid).

ron colocar cruces en los sitios que la gente solía utilizar para estas cuestiones acompañadas de un cartel que rezaba: «Donde hay una cruz no se orina». Ante esta nueva normativa Quevedo, que no era muy dado a acatar las leyes, se acercó a la esquina donde solía hacer sus necesidades y añadió: «… y donde se orina no se ponen cruces».

Demasiado tarde (George Bernard Shaw)

El día que cumplía noventa años, el dramaturgo George Bernard Shaw recibió una visita del célebre detective Fabian, de Scotland Yard. Para celebrar la ocasión el funcionario de policía había pensado tomar las huellas del escritor para que quedaran para la posteridad. Curiosamente las huellas digitales de Shaw eran tan suaves y finas que no fue posible obtener una impresión válida para dicho recuerdo. Ante esto Shaw declaró: «¡Si lo hubiera sabido antes, tenga por seguro que habría escogido otro oficio!».

Fama inmediata (Benito Pérez Galdós)

Cuando todavía ejercía como periodista el novelista Benito Pérez Galdós, llevó su primera novela a una editorial. Al parecer el editor rechazó la obra sin tan siquiera leerla argumentando que ellos sólo publicaban obras de nombres conocidos. Ante su negativa Galdós, sin inmutarse, le ofreció de nuevo su novela diciéndole: «Entonces, no hay problema, me llamo Pérez».

Un loco muy cuerdo (Nathaniel Lee)

Debido a su consumo abusivo de bebidas alcohólicas el dramaturgo Nathaniel Lee, sufrió de una grave enfermedad mental que le obligó a permanecer en un psiquiátrico durante cinco años. Aun así continuó escribiendo y estrenando sus obras de teatro. A propósito de éstas, que estaban plagadas de extravagancias, alguien le comentó: «Tiene que ser fácil escribir como un loco». «No se crea —respondió él—. Es mucho más fácil hablar como un idiota».

Cuestión de ecuanimidad (Mark Twain)

Un día un periodista preguntó a Mark Twain qué pensaba sobre el Cielo y el Infierno. El escritor, que siempre divertía a todos con sus comentarios ingeniosos respondió: «Desgraciadamente no puedo darle mi opinión. Tengo amigos en los dos sitios y no me gustaría ofender ni a unos ni a otros».

Pragmatismo ideológico (Bertrand Russell)

Durante una entrevista al escritor y filósofo Bertrand Russell, famoso por su activismo político en favor de la geopolítica y el desarme nuclear, un periodista le preguntó si estaría dispuesto a morir por sus ideas. «Por supuesto que no —reconoció éste—. Después de todo, es posible que esté equivocado».

Precisión necesaria (Graham Greene)

Desde 1935 a 1939 el escritor Graham Greene trabajó como crítico cinematográfico para varios periódicos. Por lo general solía atacar duramente a las películas de Hollywood, a las que criticaba por sus personajes estereotipados, su moralismo, y sus hermosas actrices, todas excesivamente maquilladas y poco creíbles. En una ocasión, refiriéndose a una película en la que Irene Dunne cantaba una canción junto a un caballo aclaró a sus lectores: «La señorita Dunne es la que no tiene la mancha en la frente».

Absurdo en estado puro (Eugène Ionesco)

El dramaturgo Eugène Ionesco, uno de los principales representantes del teatro del absurdo, soltaba continuamente frases ingeniosas que luego incluía en sus obras. Una de estas, que aparecía en *La cantante calva*, decía: «Coged un círculo, acariciarlo, y se volverá vicioso».

Mercè Barbany en *La Cantante calva* de Ionesco, emitida en 1967 por TV2 en el programa *Teatro de siempre*.

Cambios en el guión (Irwin Shaw)

Cuando vio la adaptación cinematográfica de su obra *El baile de los malditos*, el novelista y dramaturgo Irwin Shaw descubrió que ésta se parecía bien poco a la novela original debido, sobre todo, a los muchos cambios que había introducido el actor Marlon Brando. Cuando acabó de visionarla exclamó irónicamente: «¡Qué gran película! ¿Quién escribió el libro?».

Política para principiantes (Ernest Hemingway)

En una ocasión, cuando un periodista preguntó a Ernest Hemingway sobre sus ideas políticas, éste explicó: «Mire, en mi opinión, el socialismo se resume de la siguiente manera: si tienes dos vacas, le das una a tu vecino. El fascismo, en cambio, se basa en que, si tienes dos vacas, el gobierno te las quita y luego te da permiso para comprar la leche. El comunismo, por su parte, consiste en que si tienes dos vacas el gobierno te las quita». «¿Y la leche?», preguntó intrigado el periodista. «Bueno, si preguntas por la leche el gobierno se limita a condenarte a unos años de trabajos forzados».

Cirugía de urgencia (Evelyn Waugh)

El escritor Evelyn Waugh no soportaba al periodista Randolf Churchill, hijo del célebre primer ministro de Gran Bretaña. Poco después de que éste sufriera una seria intervención quirúrgica para extirparle parte de un pulmón, la prensa publicó que, en contra de lo que se pensaba en un principio, no se trataba de cáncer. «Un nuevo triunfo de la medicina —declaró Waugh secamente—. Han conseguido encontrar la única parte de Randolph que no era maligna y la han extirpado».

Trato hecho (Rudyard Kipling)

Cuando estaba en la cima de su carrera un periódico calculó que Rudyard Kipling ganaba aproximadamente un dólar por cada palabra que escribía. Poco después, un cazador de autógrafos que llevaba tiempo intentando conseguir el suyo escribió una carta al premio Nobel diciendo: «He sabido que gana usted un dólar por palabra. Le adjunto un cheque por esa cantidad y le ruego que me mande una muestra». Kipling accedió y le envió una tarjeta en la que había escrito: «Gracias».

Una sabia elección (Gilbert Keith Chesterton)

Cuando le plantearon la consabida pregunta de qué libros se llevaría a una isla desierta el escritor británico G. K. Chesterton contestó lacónico: «La *Guía práctica para construir una embarcación*, de C. Thomas».

Una lista muy particular (Giovanni Fagiuoli)

Además de actuar como poeta de la corte del archiduque Cosimo III de Toscana, Giovanni Fagiuoli ejercía también de bufón real. Un día el archiduque le descubrió redactando una larga lista de nombres y le preguntó: «¿Qué significan todos estos nombres?». «He hecho un elenco de todos los tontos que conozco», respondió Fagiuoli. «¡Pero has puesto también mi nombre!», se lamentó el gobernante. «Lo sé, majestad. Lo he hecho porque ayer le encargó a un botánico inglés que le recogiera una selección de plantas extrañas y le pagó por adelantado». «No entiendo dónde está el problema» respondió Cosimo. «¿Y si resulta que me trae las plantas, tal y como le he pedido?». «En ese caso, majestad, eliminaría vuestro nombre e incluiría el suyo».

Un argumento fácil de entender (Thomas Stoppard)

En abril de 1967, la obra *Rosencrantz y Guildenstern han muerto*, del dramaturgo de origen checo Tom Stoppard, se estrenó en Nueva York con enorme éxito. Poco después se representó también en Londres y Tokio, manteniéndose en cartel durante largo tiempo. Cuando un amigo le preguntó de qué trataba exactamente él contestó: «Trata de cómo hacerme rico».

Encantado de conocerle (Margaret Paley)

Poco después de la publicación de su *Libro del pene*, en el que realizaba un estudio pormenorizado sobre la anatomía del miembro viril, prejuicios y mitos, un periodista preguntó a Maggie Paley por qué tantos hombres le ponían apodos a sus genitales. «¿Le gustaría a usted pasarse la vida mangoneado por alguien de quien ni siquiera conoce el nombre?».

Horarios de oficina (Robert Frost)

Durante una cena en casa de un amigo, el poeta Robert Frost y los demás comensales fueron invitados a salir al porche para admirar la magnífica puesta de sol. «¡Oh, señor Frost! —exclamó una joven dama—, ¿No le parece que es una puesta de sol preciosa?». «Lo siento —se disculpó Frost—, «pero nunca hablo de trabajo después de la cena».

Herejía estomacal (Erasmo de Rotterdam)

En una ocasión el Papa Pablo II reprendió a Erasmo de Rotterdam por comer carne durante la cuaresma, contraviniendo así los preceptos de la Iglesia. El escritor y filósofo se disculpó diciendo: «Lo siento, santidad, mi alma es buena católica pero mi estómago es irremediablemente luterano».

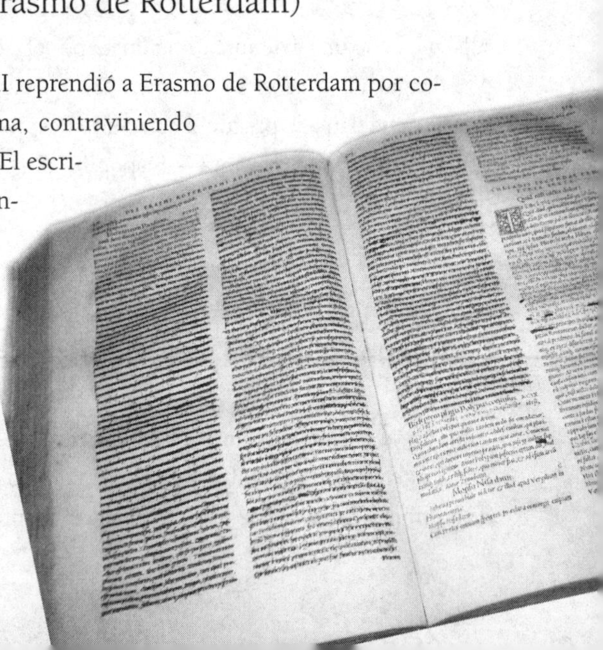

Los párrafos que aparecen tachados corresponden a la censura que ejerció la Inquisición sobre esta obra del humanista Erasmo de Rotterdam.

Juventud, divino tesoro (Marco Tulio Cicerón)

En una ocasión una mujer entrada en años, que mantenía una conversación con Cicerón, declaró vanidosa: «No se crea, en realidad tengo sólo treinta años». «Imagino que debe de ser verdad —respondió el escritor—, llevo veinte años escuchando lo mismo».

Estupidez insoportable (Dorothy Parker)

Durante una fiesta de sociedad la escritora americana Dorothy Parker, sin comérselo ni bebérselo, se encontró a sí misma conversando con una arrogante mujer que, mirando con desdén a su alrededor comentó: «Lo siento, pero no puedo soportar a los idiotas». «¡Qué extraño! —observó Parker con gesto inocente—. Por lo visto su madre sí que podía».

Cuestión de clases (C. S. Lewis)

A la vuelta de una extenuante caminata por el campo C. S. Lewis cogió un tren y se dirigió a los vagones de primera clase. Cuando vio su aspecto descuidado una anciana dama le preguntó con cierto desprecio: «¿Tiene usted un billete de primera clase?». «Sí, señora —respondió él—, pero desgraciadamente voy a necesitarlo».

Lo bueno, si breve, dos veces bueno (Sinclair Lewis)

Cuando ya era un escritor consagrado Sinclair Lewis fue contratado para dar una conferencia en la Universidad de Columbia que debía tratar sobre el oficio de escribir. «¿Cuántos de ustedes están realmente interesados en convertirse en escritores?», preguntó sólo empezar. Cuando vio que la mayor parte de los estudiantes alzaba la mano, Lewis añadió: «Entonces no sé qué demonios hacen que no están en casa escribiendo». A continuación tomó asiento y dio por concluida la conferencia.

Americanofobia (Oscar Wilde)

El dramaturgo Oscar Wilde sentía una gran aversión por los Estados Unidos, un país que había visitado en 1882 y del que decía que era «el único país que pasó de la barbarie a la decadencia sin que hubiera un periodo civilizado entre medias». Cuando, en una fiesta, un admirador que intentaba por todos los medios entablar una conversación con él comentó: «¡Qué gran hombre, Cristóbal Colón!», Wilde preguntó extrañado: «¿Por qué?». «¡Porque descubrió América!», respondió el otro con convicción. «¡Oh, no! —rebatió el escritor sacudiendo la cabeza—. Ya hacía mucho tiempo que la habían descubierto, pero decidieron silenciarlo».

Un asiento privilegiado (Madame de Staël)

Durante un banquete la escritora francesa Madame de Staël y su amiga Madame Recamier, famosa por su extraordinaria belleza, se encontraron sentadas a ambos lados de un joven *dandy*. Éste, con aire seductor comentó: «¡Qué maravilla! Me encuentro en el mejor de los lugares. Justo entre el ingenio y la hermosura». «Así es —añadió la escritora—. Y sin poseer ni una cosa ni la otra».

Anne-Louise Germaine Necker, Baronesa de Staël-Holstein, más conocida como Madame de Staël.

Escritura por encargo (Alejandro Dumas)

Se decía que la amplísima producción literaria de Alejandro Dumas padre se debía a que tenía numerosos «negros» que realizaban una buena parte de su trabajo. Orgulloso de sus éxitos, en una ocasión el autor de *Los tres mosqueteros* y *El conde de Montecristo*, preguntó a su hijo si había leído ya su última novela. «No —respondió éste—. ¿Y tú?».

Enfermedades

Enfermedades

Epilepsia divina (Santa Teresa de Jesús)

La escritora santa Teresa de Jesús, famosa por sufrir frecuentes arrebatos místicos que ella atribuía a la mano de Dios, padecía en realidad una extraña forma de epilepsia denominada parcial. Ésta se diferencia de la más común en que no provoca ninguno de sus desagradables efectos, sino que el enfermo manifiesta síntomas de amor y felicidad debido a que afecta exclusivamente a la zona del cerebro que controla la sensación de placer. Los ojos blancos experimentan siempre el mismo proceso: primero un destello, luego la parálisis corporal, a continuación alucinaciones visuales, y por último una sensación placentera. La santa, quizá consciente de que se trataba de una dolencia extraña, escribió en una ocasión: «Quiere el alma estar sufriendo siempre de este mal». A esta patología se la suele denominar también «enfermedad de Dostoievski», pues afectó también al genial escritor ruso, que consideraba que beneficiaba mucho su labor como escritor.

La obra *Éxtasis* de Santa Teresa es la obra más conocida del escultor y pintor Gian Lorenzo Bernini. Fue realizada entre 1647 y 1651.

Un «maravilloso» dolor de cabeza (Lewis Carroll)

Según relató él mismo en sus diarios íntimos, el escritor Lewis Carroll sufría de frecuentes alucinaciones visuales acompañadas de un intenso dolor de cabeza. Según han descubierto los científicos es muy posible que se tratara de migrañas con aura, fuertes jaquecas que se caracterizan por ir acompañadas de distorsiones en la visión. Según parece estas terribles experiencias le sirvieron como fuente de inspiración para sus obras *Alicia en el país de las maravillas* y *A través del espejo*, especialmente las micropsias y macropsias, alteraciones visuales que hacen que los objetos parezcan mucho mayores o menores de lo que son en realidad. El descubrimiento por parte de los expertos provocó que este trastorno neurológico pasara a ser conocido como «síndrome de Alicia en el país de las maravillas».

«¡Que le corten la cabeza!»

La Reina de corazones es una monarca «llena de furia ciega», según el mismo Carroll, que además siempre quiere cortarte la cabeza a la mínima ocasión.

Invalidez permanente (Heinrich Heine)

El poeta alemán Heinrich Heine sufrió una grave parálisis causada por una enfermedad venérea atípica que le obligó a pasar los últimos ocho años de su vida postrado en una cama que él llamaba su «tumba de colchones». Convertido, según su expresión, en «*Heine dolorosus*», continuó su labor creativa, pero su personalidad y sus obras se impregnaron de un pesimismo que le llevó a decir: «La vida es una enfermedad, el mundo un gran hospital, y la muerte, el médico que nos cuida a todos». Aun así, de vez en cuando intentaba bromear sobre el tema, afirmando que su enfermedad tenía una gran ventaja, si alguien quería visitarlo, podía estar seguro de que lo encontraría en casa.

(Arthur Rimbaud)

El último viaje (Arthur Rimbaud)

El poeta francés Arthur Rimbaud murió a la edad de treinta y siete años víctima de un cáncer de huesos que empezó con una aparentemente inofensiva inflamación de la rodilla. Con el tiempo tuvieron que amputarle la pierna y finalmente la enfermedad acabó inmovilizándole todos los miembros. De todos modos, agonizante, el poeta soñaba con volver a Yemen, donde había pasado los últimos años de su vida. Un día antes de su muerte dictó una carta a su hermana Isabelle, dirigida a una compañía naviera, en la que decía: «Me hallo enteramente paralizado y desearía por ello subir pronto a bordo. Tengan a bien comunicarme a qué hora se me podrá embarcar». Evidentemente, Rimbaud jamás subió al barco.

(Marcel Proust)

Reacción en cadena (Marcel Proust)

El escritor francés Marcel Proust sufría terribles ataques de asma, quizá debido a lo que hoy en día se conoce como síndrome de intolerancia química múltiple, un trastorno caracterizado por la reacción inmunológica a innumerables componentes que se encuentran en el medio ambiente, en los alimentos e incluso en los medicamentos. Las personas aquejadas de esta enfermedad, además de la dificultad respiratoria, presentan molestias en las articulaciones, fatiga, insomnio, pérdida de memoria, cambios de humor e incluso depresión. Todos estos síntomas han provocado que Proust haya pasado a la historia como un escritor enfermizo y atormentado. Para colmo aliviaba su dolencia fumigando continuamente su habitación con los llamados polvos del doctor Legras, que debían ser quemados con una vela y que lo único que conseguían era empeorar su enfermedad. Debido a esto sus ropas, las paredes de su dormitorio y las páginas de sus cuadernos estaban siempre ennegrecidas.

Rarezas patológicas (Samuel Johnson)

Georges Gilles de la Tourette, neurólogo pionero francés (1859-1904) de quien toma el nombre el síndrome de Tourette.

El escritor británico Samuel Johnson, autor del primer diccionario de la lengua inglesa, fue visto siempre por sus contemporáneos como un tipo peculiar debido a sus continuos gestos y movimientos involuntarios que, a menudo, iban acompañados de extraños ruidos y molestos silbidos. Además presentaba una serie de manías compulsivas, como dar un número determinado de pasos cada vez que atravesaba una puerta, repitiendo el proceso varias veces hasta que lo conseguía. Aunque en el siglo XVIII no se reconocía como una enfermedad, las rarezas de Johnson obedecían en realidad a un trastorno neurológico llamado síndrome de Tourette, que se caracteriza en manifestar todo tipo de tics y espasmos nerviosos.

El manco del espanto (Miguel de Cervantes)

Como casi todo el mundo sabe el escritor Miguel de Cervantes perdió el brazo izquierdo en la famosa batalla que enfrentó al imperio otomano y a la flota cristiana en las aguas del Peloponeso, lo que le valió el sobrenombre de «el manco de Lepanto». Lejos de acomplejarle, el apodo le llenaba de orgullo, y alardeaba de un muñón que, según él, daba cuenta de sus innumerables hazañas heroicas. Lo que pocos conocen es que, durante el periodo en que trabajó como recaudador de impuestos para la corona, los contribuyentes, temerosos de recibir su inoportuna visita, le cambiaron el apodo por «el manco del espanto».

Diagnóstico erróneo (Tennessee Williams)

Aun siendo hombre, al escritor norteamericano Tennessee Williams se le diagnosticó en un determinado momento de su vida un cáncer de mama, por lo que tuvo que someterse a una intervención de urgencia. Por aquel entonces se encontraba en Bangkok y, como la operación se llevó a cabo tan sólo con anestesia local, el dramaturgo se llevó al quirófano una botella de jerez. Al final se comprobó que no se trataba de un cáncer, sino de una ginecomastia, un aumento de la glándula mamaria relativamente común y que se produce por una alteración en las funciones del hígado, principalmente por los excesos con la bebida. Cuando se enteró del diagnóstico, Tennessee Williams se fue a celebrarlo con unos amigos brindando hasta el amanecer con litros y litros de vino.

Vocación frustrada (Nadine Gordimer)

Debido a una grave dolencia cardíaca la escritora Nadine Gordimer, premio Nobel de Literatura en 1991, tuvo que abandonar la escuela y sus estudios de danza a la edad de once años. La enfermedad la convirtió en una niña enclenque y solitaria, lo que le hizo abandonar sus sueños de convertirse en una gran bailarina. Gracias a las visitas a la biblioteca de su ciudad natal, a la que acudía para continuar sus estudios, Gordimer descubrió los encantos de la literatura y decidió cambiar su vocación por la de escritora. Este hecho permitió que se convirtiera en una de las principales figuras literarias de Sudáfrica.

Contagio múltiple (James Joyce)

El escritor irlandés James Joyce contrajo la sífilis en 1904 durante una visita al barrio de Nighttown, donde se concentraban la mayor parte de los burdeles de Dublín. La enfermedad hizo estragos en su salud provocándole daños en el estómago y sobre todo en la vista, además de depresión y paranoia. Para colmo, contagió el mal a su mujer y a su hija, que estaba aún en el vientre de su madre, y que padeció toda su vida serios desequilibrios mentales. Con el fin de curar sus males Joyce consultó hasta treinta y cinco médicos diferentes, pero su carácter inconstante hacía que nunca siguiera los tratamientos que le prescribían. Debido a sus problemas de visión, Joyce pidió ayuda al dramaturgo Samuel Beckett para que le escribiera al dictado parte de su última obra *Finnegan's wake*. Un día, mientras se encontraban inmersos en una de estas sesiones, alguien llamó a la puerta. Beckett, que estaba muy concentrado en el trabajo, no lo oyó, de manera que, cuando escuchó a su amigo exclamar: «¡Adelante!», lo trascribió obediente. Poco después, cuando repasaban el texto, Joyce le preguntó extrañado: «¿Qué es esto de "adelante"?». «Lo has dicho tú», se justificó Beckett. Tras unos momentos de reflexión el autor del *Ulises* concluyó: «No está nada mal, creo que podemos dejarlo».

Falsa dislexia (Hans Christian Andersen)

Según numerosas fuentes de la época, el autor de cuentos infantiles Hans Christian Andersen tenía serios problemas para expresarse por escrito en su lengua materna y sus relatos estaban plagados de graves errores que dificultaban su lectura. Este dato, y el hecho de que durante la infancia sus maestros le recriminaran sus escasas aptitudes para la escritura, hicieron que pasara a la historia como el paradigma del escritor disléxico. Tras más de un siglo, un grupo de expertos llevó a cabo un exhaustivo estudio de sus diarios personales que reveló que, aunque el porcentaje de errores ortográficos era mayor que el de la mayoría de sus contemporáneos, no era comparable, ni mucho menos, al de las personas disléxicas. De hecho, a lo largo de su vida el escritor llegó a hablar y a escribir con fluidez en inglés, holandés, alemán, y varios dialectos escandinavos.

Un enfermo comprometido (H. G. Wells)

A la edad de veintiún años el escritor y profesor H.G. Wells recibió un fuerte golpe por parte de uno de sus alumnos que le causó una lesión en un riñón que arrastraría durante el resto de su vida. Muchos años después del incidente los médicos descubrieron que, en realidad, la dolencia renal guardaba relación con la diabetes, una enfermedad que no le fue diagnosticada hasta la edad de sesenta años y que le obligó a abandonar la enseñanza. A partir de aquel momento el escritor no sólo se involucró activamente en la recaudación de donaciones para combatir la dolencia, sino que fundó una humilde organización llamada British Diabetic Association que, con el tiempo, acabaría llamándose Diabetes UK. Hoy en día, esta fundación es una de las más importantes del mundo en su campo y se ocupa de defender los derechos de los diabéticos, promover la investigación científica y realizar campañas de concienciación.

Herbert George Wells, más conocido como H. G. Wells junto al logotipo de la actual Diabetes UK.

Una enfermedad vergonzante (John Updike)

En su ensayo *En guerra con mi piel*, publicado a raíz de su libro *Diario de un leproso*, el escritor norteamericano John Updike admitió que la mayor parte de las decisiones importantes que había tomado a lo largo de su vida guardaban relación con una enfermedad que le atormentó desde niño: la psoriasis. Según él, no sólo se casó con su esposa porque fuera la más bella de todas las mujeres que había conocido, sino porque era la única que no rechazaba el aspecto de su epidermis. Asimismo, optó por dedicarse a la escritura porque era un trabajo que no le obligaba a tratar con otras personas.

(Hermanas Brönte)

Hasta que la muerte nos separe (Hermanas Brönte)

Las hermanas Brönte, autoras de *Jane Eyre*, *Cumbres borrascosas* y *Agnes Grey*, mantenían una relación tan estrecha que no sólo vivieron juntas toda su vida y compartieron su amor por la literatura, sino que las tres fallecieron por la misma enfermedad, la tuberculosis. En realidad no fueron los únicos miembros de la familia afectados, sino que, como si de una plaga se tratase, este mal provocó que entre 1825 y 1855 fallecieran nada más y nada menos que ocho de sus miembros, entre los que se incluyen Charlotte, Emily y Anne. Por lo visto sus muertes fueron provocadas por el agua que bebían, ya que la fuente de la que manaba el pozo de su casa pasaba por debajo de un cementerio.

(Eugene O'Neill)

Diagnóstico tardío (Eugene O'Neill)

Cuando detectó por primera vez un cierto temblor en sus manos, Eugene O'Neill todavía estaba estudiando en la Universidad de Princeton. En un principio los médicos lo atribuyeron a sus problemas con el alcohol, pero con el tiempo el escritor empezó a presentar dificultades al caminar y alteraciones en el habla de manera que, en 1941, se le diagnosticó la enfermedad de Parkinson. Durante años probó todo tipo de medicamentos pero ninguno le surtía efecto. Cuando recibió el premio Nobel, casi al final de su vida, hubo que entregárselo en una habitación de hospital en una ceremonia que duró apenas cinco minutos. Tras su muerte, se realizó una autopsia que reveló una particular degeneración en el cerebelo que evidenciaba que nunca padeció parkinson, sino una enfermedad denominada atrofia cortical cerebelosa. Los forenses determinaron que era muy improbable que fuera causada por el consumo de alcohol, sino que probablemente lo había heredado. Si la hubieran diagnosticado a tiempo quizá se hubiera podido retrasar el avance de la enfermedad y aliviar sus síntomas.

El síndrome de Peter Pan (J. M. Barrie)

El novelista James Matthew Barrie, autor de la novela infantil *Peter Pan*, fue víctima de una enfermedad llamada enanismo psicosocial, un trastorno del crecimiento que suele presentarse durante la infancia o la primera adolescencia a raíz de algún acontecimiento traumático. Barrie, que en su edad adulta todavía presentaba el físico de un preadolescente y que nunca superó el metro cuarenta y seis de estatura, sufrió un duro trauma cuando tenía solo seis años. Por aquel entonces su hermano mayor, que estaba a punto de cumplir los catorce años, falleció en un desgraciado accidente mientras patinaba. A partir de entonces su madre, rota por el dolor, se desentendió de él y del resto de sus hermanos dejándoles totalmente desamparados. Como consecuencia de su enfermedad, Barrie tuvo que soportar las continuas burlas de sus compañeros de escuela y se convirtió en un muchacho solitario y terriblemente inseguro. Tal vez esa es la razón por la cual, en su madurez, quiso contar al mundo la historia de un niño que no quería crecer.

Cubierta de *Peter Pan y Wendy* en una edición de 1915 (primera edición, 1911). El personaje de Peter Pan ha perdurado hasta nuestros días desde su creación en 1904.

Un incómodo problema (Voltaire)

Según constatan muchos de sus escritos el escritor y filósofo Voltaire sufrió durante la mayor parte de su vida una molesta dolencia: el estreñimiento crónico. Este trastorno provocaba que se le hincharan las piernas y le ocasionaba continuas indigestiones, por lo que acabó convirtiéndose en una auténtica obsesión. Probó todo tipo de remedios, incluyendo la ingesta de plomo, y se carteaba continuamente con su medico personal para discutir posibles soluciones. A pesar de todo, se sabe que nunca logró resolver el «incómodo problema». Quizá sea esta la razón por la cual escribió: «Los médicos prescriben medicamentos que conocen bien poco, para curar enfermedades que conocen todavía menos, en seres humanos de los que no conocen absolutamente de nada».

Descuido materno (Lord Byron)

Según sus biógrafos, la cojera que padeció desde niño el poeta Lord Byron era debida a un encogimiento del Talón de Aquiles. Esta malformación influyó de forma decisiva en el desarrollo de su peculiar carácter, siendo una de las causas de sus excentricidades y su extrema sensibilidad. Byron siempre culpó de su malformación a su madre, que había llevado corsé durante el embarazo, y por este motivo le guardó rencor durante toda su vida.

Si bien es cierto que el corsé del s. XVIII reducía la capacidad pulmonar y estomacal, se le llegaron a imputar enfermedades como el tifus, la cirrosis y la tuberculosis sin ningún fundamento.

Maldición familiar (Jorge Luis Borges)

A partir de los cincuenta y cinco años Jorge Luis Borges comenzó progresivamente a quedarse ciego por culpa de una enfermedad que heredó de su padre. Este desgraciado hecho coincidió con su nombramiento como director de la Biblioteca Nacional de Buenos Aires por lo que él, que siempre se había imaginado el Paraíso bajo la forma de una biblioteca, se encontró rodeado de novecientos mil volúmenes en diversos idiomas de los que apenas podía descifrar las carátulas y los lomos. Durante este periodo también se distanció de su amigo Guillermo de Torre, que se había casado con su hermana y que, a su vez, se estaba quedando sordo. Desde entonces, cuando le preguntaban a Borges cómo se llevaba con su cuñado, él enseguida respondía: «Muy bien: yo no lo veo y él no me oye».

Golpe certero (Ramón María del Valle-Inclán)

Cuando tenía treinta y tres años de edad, el temperamental Valle-Inclán tuvo una acalorada discusión con el escritor Manuel Bueno que acabó de forma trágica. Los literatos decidieron resolver sus diferencias a bastonazos en la mismísima Puerta del Sol, la famosa plaza del centro de Madrid. Un desafortunado golpe de su contrincante provocó que uno de los gemelos de la camisa de Valle-Inclán se clavara con violencia en su muñeca izquierda. El escritor, que siempre fue una persona muy despreocupada, no dio importancia a la herida y, al cabo de unos días, sufrió una infección muy grave que desembocó en una amputación del brazo. A pesar de todo, Valle-Inclán siempre se tomó con humor su discapacidad: cuando alguien le preguntaba por la ausencia de su miembro solía contar que se lo había comido un saurio, o que lo había perdido dentro de la barba.

El poeta deforme (Alexander Pope)

La vida del poeta inglés Alexander Pope estuvo marcada por los terribles dolores que sufría y por las continuas burlas que debía soportar a propósito de su particular físico. El raquitismo que padeció durante la infancia lo había convertido en una especie de engendro deforme que provocaba miedo y rechazo a partes iguales. Su cuerpo era extremadamente pequeño y, debido a una notable curvatura de la columna, exhibía en la espalda una tremenda joroba. Además cuando caminaba se inclinaba hacia un lado y sus brazos y piernas eran tan delgados que se definía a sí mismo como una horrible araña. Era muy débil, demasiado sensible al frío, y no podía levantarse o vestirse sin ayuda. Según parece estaba tan acomplejado que intentaba disimular el aspecto de sus piernas poniéndose tres pares de medias y sus trajes eran confeccionados con la lona más rígida.

Alimentación deficiente (Julio Verne)

A pesar de haber estudiado Derecho en la Universidad de París, Julio Verne optó por renunciar a la abogacía y consagrar su vida a la escritura y a la adquisición de conocimientos científicos. Esta decisión hizo que su padre se enfadara con él y dejara de enviarle dinero para su manutención. La falta de ingresos y su incansable ritmo de trabajo le provocaron serios problemas

Caricatura de Julio Verne publicada en el semanario *L'Algerie* situándolo en las profundidades marinas «recogiendo información auténtica de buenas fuentes».

digestivos pero, sobre todo, continuas parálisis faciales. «Trabajo de la mañana a la noche sin parar, y así todos los días —escribía—. El estómago sigue bien, pero los tirones de la cara me molestan mucho». Para colmo, durante una pelea con su sobrino Gastón, Verne recibió un disparo en una pierna, que le provoco una cogera de por vida. Estos defectos y el rechazo que su peculiar aspecto producía en los demás, acabaron por convertirle en un personaje solitario y huraño.

Un peculiar título nobiliario (Paul Scarron)

El poeta, dramaturgo y novelista francés Paul Scarron, famoso por su agudo ingenio, pasó veinte años prácticamente inválido a causa de un linchamiento del que fue víctima tras una representación grotesca que irritó a sus vecinos. A partir de entonces se desplazaba en una silla de ruedas ingeniada por él mismo y gracias a ella pudo aceptar la invitación de Ana de Austria para que la visitara en el palacio real. Cuando ésta, que admiraba su sagacidad, le preguntó si no deseaba que le concediera algún título, Scarron respondió: «Si, majestad, me gustaría ser "el enfermo de la reina"». A partir de ese momento todo el mundo lo conoció por ese sobrenombre y la soberana le concedió una pensión vitalicia de quinientas coronas.

Excentricidades

Excentricidades

Una leyenda en carne y hueso (Ramón María del Valle-Inclán)

Al escritor Ramón María del Valle-Inclán, conocido en todo Madrid por sus rarezas y sus salidas de tono, le gustaba alimentar las numerosas anécdotas e historietas que circulaban en torno a su persona. Según parece, uno de sus entretenimientos favoritos era caminar en plena noche hasta el Palacio Real y despertar al monarca gritando: «¡Usurpadores austríacos, levantaos y dejad ese trono a su verdadero dueño, don Carlos!». Sus andanzas resultaban tan estrafalarias que durante su visita a Madrid, el poeta mexicano Eduardo Colín escribió a sus amigos diciendo que había estado en casa de don Ramón María y que había comprobado que, efectivamente, existía.

Arquitectura espacial (J. J. Benítez)

Con el dinero que ganó con la exitosa serie de novelas *Caballo de Troya*, el excéntrico escritor Juan José Benítez, compró un terreno frente a las playas de Zahara de los Atunes donde se hizo construir un chalet con forma de platillo volante y una piscina a juego. Por si fuera poco, en la entrada de la casa colgó una enorme e inquietante escultura de

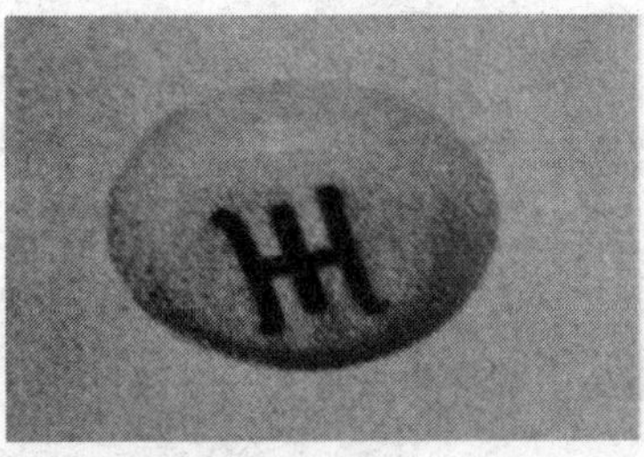

Ovni con símbolo ummita, supuestamente avistado durante los años sesenta. A partir del suceso, el símbolo se popularizó.

piedra similar a una hache que dejaba perplejos a todos los visitantes. Se trataba del símbolo ummita, que hace referencia a un imaginario planeta de la constelación de Virgo cuyos habitantes, supuestamente, nos visitan con regularidad desde el año 1950.

Excéntrico coleccionista (Ramón Gómez de la Serna)

El escritor Ramón Gómez de la Serna, amante de lo grotesco y lo provocativo, tenía por costumbre convertir sus apariciones públicas en espectáculos de lo más disparatados: en una ocasión dio un recital en un circo y subido a lomos de un elefante, en otra pronunció una conferencia vestido de torero, y para presentar la película *El cantor de jazz* se presentó con la cara pintada de negro. Asimismo, solía celebrar festines inverosímiles, como los famosos banquetes en movimiento o la comida que organizó en un quirófano. Además, en el torreón de su casa de Madrid acumulaba todo tipo de objetos extraños entre los que se encontraban una muñeca de cera de tamaño natural de la que admiraba su «belleza inmarchitable» y una tortuga embalsamada.

En el país de las hadas (Arthur Conan Doyle)

Sir Arthur Conan Doyle, no sólo era aficionado al espiritismo, sino que también creía en la existencia de todo tipo de seres fantásticos y, en particular, de las hadas. Sus convicciones sobre estas últimas eran tan firmes que incluso dedicó una buena parte de su vida al estudio de estos pequeños seres alados, investigando artículos periodísticos, analizándolas desde un punto de vista científico y recopilando

Esta imagen, argumentada en el libro de Conan Doyle, causó un gran escándalo en la prensa británica a principios del siglo XX.

los testimonios de personas que aseguraban haberlas visto. A raíz de esto escribió un libro titulado *El misterio de las hadas* en el que presenta una clasificación de estos supuestos seres, teniendo en cuenta sus tamaños, vestidos, colores y lenguajes. A pesar de que todo el mundo conocía sus excentricidades, una parte de la sociedad inglesa le recriminó que sus ideas podían perjudicar gravemente la inocencia de los niños y causarles trastornos mentales y espirituales.

Ortografía disparatada (Juan Ramón Jiménez)

Una parte importante de las múltiples manías de Juan Ramón Jiménez tenía que ver con cuestiones ortográficas. Escribía la *j* y la *g* según su sonido, sin tener en cuenta las normas establecidas, por que en sus obras se pueden encontrar palabras como «májico» o «antolojía», que aparecen incluso en los títulos. Cuando en 1927 recibió una invitación para asistir a un acto al que no podía acudir, el poeta se excusó enviando una carta a Gerardo Diego que firmó con las iniciales K. Q. X., según él «las letras más feas del alfabeto». A partir de entonces Gerardo Diego se referiría a él como «Kuan Qamón Ximénez, el cansado de su nombre».

Una despedida por todo lo alto (Virgilio)

En una ocasión, tras la muerte de su querida mascota, el poeta latino Virgilio decidió tirar la casa por la ventana y gastarse una cantidad astronómica de dinero en la celebración de un funeral. Lo curioso es que no se trataba de un animal doméstico común, sino de una mosca que, según él, le había hecho mucha compañía en vida. Para la ceremonia contrató una banda de música, los servicios de varias plañideras y a una serie de poetas que dedicaron apasionados versos al pobre animal. Por si esto fuera poco, encargó también la construcción de un hermoso mausoleo donde la mosca pudo descansar en paz por los siglos de los siglos.

Obediencia militar (Edgar Allan Poe)

Se cuenta que en 1831, el escritor estadounidense Edgar Allan Poe fue expulsado de la academia militar de West Point por mala conducta. Al parecer las estrictas normas de vestimenta exigían que, durante los desfiles, los cadetes portaran «cintos blancos y guantes». Siguiendo al pie de la letra las indicaciones del reglamento, el provocador escritor se presentó a un desfile sin nada que cubriera su desnudez excepto el cinto blanco y los guantes que el código exigía.

Recuerdo imborrable (Gabriele D'Annunzio)

Según cuentan sus biografías el escritor y aventurero italiano Gabriele D'Annunzio, famoso por sus conquistas amorosas, utilizaba para dormir una mullida almohada rellena de mechones de pelo que había ido cortando a todas sus amantes. Además, según se rumoreaba en toda Italia y buena parte de Europa, el escritor tenía la costumbre de beber vino en una copa fabricada con el cráneo de una joven que, supuestamente, se había suicidado por su amor. Aunque es muy probable que se trate de una invención, lo más curioso es que los estudiosos sospechan que fue el propio D'Annunzio quien la puso en circulación para que todo el mundo hablara de él.

Frío en los huesos (Vincenzo Cardarelli)

El poeta italiano Vincenzo Cardarelli vivió durante años prácticamente en la indigencia y, como era muy friolero, aceptaba siempre la ropa usada que le regalaban sus colegas más adinerados. Gracias a ellos podía pasar el verano con el abrigo puesto, mientras que en invierno se colocaba tres, uno encima de otro, sobre varias capas de jerséis de lana. Cuando murió en 1959, los abogados abrieron su testamento y descubrieron su última voluntad: ser enterrado con su abrigo de piel. Por desgracia, se enteraron después de haberlo enterrado.

Un molesto acompañante (Michael Crichton)

El escritor de *best sellers* Michael Crichton sostiene que posee poderes paranormales tales como la capacidad de doblar cucharillas con la mente, realizar viajes extracorpóreos y leer los pensamientos de otras personas. En numerosas ocasiones ha relatado que en 1986 tuvo que ser exorcizado para librarse de un espíritu que le acompañaba a todas partes desde que era niño.

Fantasías animadas (Toni Morrison)

La premio Nobel de Literatura Toni Morrison no tiene reparos en reconocer que el cuarto donde escribe sus obras está lleno de duendes y espíritus mágicos. Está tan convencida de este hecho que no deja entrar a nadie por miedo a que estos personajes se escapen si ven a un extraño.

La cárcel de mi vida (Emily Dickinson)

Cuando todavía se encontraba en la flor de la vida la escritora Emily Dickinson decidió aislarse del mundo y encerrarse de por vida en su casa, convirtiéndose en una auténtica reclusa. Desde entonces y durante veinticinco años no vio a nadie fuera de su familia y cuando estos recibían visitas intercambiaba algunas frases con los invitados desde una habitación vecina. También empezó a vestirse exclusivamente de blanco, y escribía sin parar, aunque no permitía a casi nadie que leyera sus poemas. Durante los últimos tres años de su vida no salió ni siquiera de su habitación.

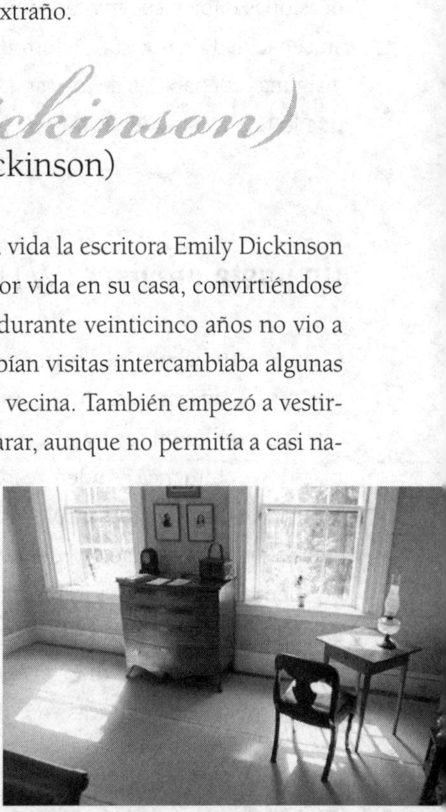

Habitación de Emily Dickinson en el museo que alberga su casa familiar de Amherst, en Nueva Inglaterra.

La postura más cómoda (Aldous Huxley)

Aunque no estaba ciego, Aldous Huxley tenía ciertos problemas en la vista, por lo que aprendió braille para poder dar descanso a sus ojos doloridos sin tener que renunciar a la lectura. Una de las múltiples ventajas, decía Huxley, era la comodidad de leer en la cama en la oscuridad, con el libro y las manos reposando cómodamente bajo las sábanas.

Estómago a prueba de bombas (Víctor Hugo)

El escritor francés Víctor Hugo era un comedor insaciable y presumía de poder ingerir cualquier cosa. Él lo explicaba así, «en la naturaleza hay tres estómagos que lo digieren todo, el del tiburón, el del avestruz y el de Víctor Hugo». En ocasiones daba a sus invitados un espectáculo que dejaba fuera de toda duda su capacidad de ingesta: se introducía en la boca una naranja entera, sin pelar, y algunas cucharadas de azúcar. Lo masticaba un rato, abría la boca y mostraba que lo había engullido todo.

Un poeta previsor (W.H. Auden)

Cuando estudiaba en el Christ College de Oxford, Auden era conocido por sus extravagancias. Un día un amigo le preguntó por qué tenía un limón seco y una pistola sobre la repisa de la chimenea. Auden respondió: «el limón, enmohecido por un solo lado, me recuerda a la degradación del mundo occidental, en cuanto a la pistola, la tengo cargada y lista para usar por si un día, de repente, me diera cuenta de que mi vida es un fracaso».

Los graves efectos de la poesía (W.B. Yeats)

Excéntrico y distraído, Yeats se olvidaba a menudo de comer si no se lo recordaban o comía sin interrupción si no había alguien que lo parara. Tenía por costumbre pasear por las calles de Dublín inmerso en sus pensamientos agitando los brazos como si fueran las aspas de un molino sin darse cuenta del miedo que daba a los viandantes. Los policías, que ya lo conocían, lo observaban sin saber si detenerlo. Al final lo dejaban tranquilo diciendo: «No está loco ni tampoco borracho. Es la poesía la que provoca este efecto en él».

Juego peligroso (William Burroughs)

Al polémico escritor William Burroughs, gran aficionado a las armas de fuego, le gustaba entretener a sus amigos con todo tipo de juegos que tenían como finalidad demostrar su excelente puntería. Uno de sus favoritos era colocar un vaso encima de la cabeza de su mujer y fingir que era Guillermo Tell. Aunque generalmente el número resultaba todo un éxito, en una ocasión el escritor falló el tiro y le voló la cabeza a su amada.

Cambios necesarios (Camilo José Cela)

Cuarenta años después de la publicación de su novela *Viaje a la Alcarria* el escritor Camilo José Cela decidió conmemorar el acontecimiento realizando el mismo recorrido que había hecho a pie tanto tiempo atrás. Sin embargo, por evidentes razones de salud, decidió efectuar algunos cambios. En lugar de caminar, adquirió un Rolls-Royce y en vez de recitar versos en voz alta, se llevó consigo a unos juglares que le interpretaban romances y coplillas cada vez que él lo pedía. Además al volante del vehículo no se encontraba un chofer al uso, sino una joven negra a la que decidió llamar Oteliña. La había contratado a través de una agencia de modelos y según él, estaba «de buen ver y mejor palpar».

La sonoridad de las palabras (J. M. Barrie)

Cada vez que iba a un restaurante el escritor escocés James Matthew Barrie pedía que le sirvieran, entre otras cosas, un plato de coles de Bruselas. A pesar de todo, una vez acabada la comida, las coles se quedaban sobre la mesa sin tan siquiera haberlas tocado. Cuando un amigo le preguntó por esta extraña costumbre Barrie respondió: «No puedo evitar pedirlas. Tienen un nombre tan sonoro que me encanta pronunciarlo una y otra vez».

Salida de emergencia (Hans Christian Andersen)

Hans Christian Andersen tenía tanto miedo de morir calcinado que cada vez que se encontraba en una casa que no conocía se llevaba una cuerda para poder descolgarse por la ventana en caso de que lo situaran en los pisos superiores. Además tenía tanto miedo de ser enterrado vivo que pidió que, después de muerto, le seccionaran una arteria antes de meterlo en el ataúd.

Obsesión escatológica (Jonathan Swift)

Jonathan Swift sentía una poderosa atracción hacia todo lo que tenía que ver con las heces y las excreciones humanas, hasta el punto que en muchas de sus obras, tanto en prosa como en verso, se pueden encontrar todo tipo de referencias y disertaciones sobre este tema y sus derivados: flatulencias, estreñimiento etc. Así, en un fragmento de su famosa novela *Los viajes de Gulliver* el escritor cuenta cómo los liliputienses intentaban conseguir que los excrementos humanos se transformaran de nuevo en la comida original. Además de estas breves alusiones, Swift escribió un complejo tratado sobre las deposiciones que tituló *Excrementos humanos desde un punto de vista botánico* y que firmó con el seudónimo de Doctor Mierda.

Meditación trascendental (Fernando Sánchez Dragó)

En la tercera planta de su casa de campo, el lugar donde suele trabajar, el escritor Sánchez Dragó tiene un ataúd de madera que compró al Ayuntamiento de Castilfrío de la Sierra y que antiguamente se cedía a las familias más humildes para los velatorios. Aunque generalmente lo utiliza «sólo» para apoyar su máquina de escribir, el extravagante escritor reconoce que en muchas ocasiones se tumba en su interior para meditar. Según él la muerte le resulta tan fascinante que dedica mucho tiempo a indagar en el misterio que la rodea, sobre todo a través del sexo y de sustancias vegetales que alteran la conciencia y que le proporcionan experiencias de muerte y resurrección.

Visita inesperada (Emanuel Swedenborg)

Según relató en sus obras el escritor y teólogo sueco Emanuel Swedenborg, un día, mientras se hallaba tranquilamente en su casa, recibió la visita de un desconocido por el que sintió una inmediata empatía. Se trataba, ni más ni menos, que del mismísimo Jesucristo, por lo que cortésmente le invitó a tomar un té. Ambos mantuvieron una grata conversación durante la cual el hijo de Dios le reveló su preocupación por el rumbo que había tomado la

Iglesia y le anunció que le había elegido para explicar al mundo cuál era el camino correcto. Para ello Swedenborg tuvo ocasión de visitar el Cielo y el Infierno, lo que le permitió contar a la humanidad los secretos de la vida después de la muerte. Eso sí, antes de revelarlos, se aseguró de contar con el permiso divino.

(A. Breton)

Vandalismo artístico (André Breton)

Al escritor André Breton, le gustaba hacer todo tipo de gamberradas de mal gusto, entre las que se encontraba destrozar obras de arte. Una noche, junto a otros amigos surrealistas se presentó en el Grand Palais de París con la intención de destrozar *El enigma de Guillermo Tell*, una pintura de Dalí que consideraban ofensiva. Afortunadamente estaba colgada a una altura considerable y, a pesar de que Breton la zarandeó con su bastón, no consiguió tirarla al suelo. Por otro lado, en 1952 fue juzgado y condenado por dañar las pinturas rupestres de la cueva de Cabrerets. Según parece las frotó con el pulgar para comprobar si eran auténticas.

Trastornos Mentales

Trastornos Mentales

El campeón de las fobias (Juan Ramón Jiménez)

El poeta Juan Ramón Jiménez sufría una gran variedad de fobias, desde la claustrofobia a la hipocondría, pasando por la tanatofobia. Según contaba el que fue su amigo Ramón Gómez de la Serna, el premio Nobel necesitaba vivir cerca de un centro hospitalario y acostumbraba a clavar las puertas a las jambas de sus marcos para evitar que la muerte se colara en su habitación. Además se negaba a aprender a conducir, pues decía que si un día atropellaba a un perro no tendría más remedio que suicidarse. Asimismo no soportaba ruido alguno y salía por las noches a cazar grillos para no oír su canto. Para colmo su claustrofobia era tan exagerada que en ocasiones tuvo que impartir conferencias de pie junto a la puerta de la sala, por si sufría un ataque de pánico y tenía que escapar a toda prisa.

Noches en blanco (Charles Dickens)

El escritor victoriano Charles Dickens sufría de insomnio crónico, lo que le hacía recorrer una y otra vez las nocturnas calles de Londres, en ocasiones hasta

el amanecer. Debido a la gran cantidad de horas que pasaba despierto, algunas de sus obras más conocidas fueron concebidas durante estos paseos. Para combatir su mal probó absolutamente todos los métodos conocidos por aquel entonces, pero el que más confianza le inspiraba era el mesmerismo, también conocido como «magnetismo animal», y que supuestamente le ayudaba también a conseguir la inspiración para escribir. Según esta doctrina, debía ubicar la cabecera de la cama hacia el norte, acostarse exactamente en el centro y mantener los brazos extendidos con las manos equidistantes respecto al borde. Aunque también probó otros procedimientos más tradicionales, como por ejemplo la ingesta abusiva de alcohol o el consumo de láudano.

Un genio introvertido (Isaac Asimov)

Según la mayoría de los expertos que han estudiado la compleja personalidad del popular escritor de ciencia ficción, todo apunta a que Isaac Asimov sufría una variante del autismo conocida como síndrome de Asperger. Por lo general los individuos que padecen este trastorno suelen tener una capacidad intelectual muy superior a la media y, sobre todo, una clara tendencia a concentrarse en temas específicos, especialmente los relacionados con la física y la lógica. Además, al igual que Asimov, presentan una gran capacidad de concentración, una actitud extremadamente perfeccionista y una memoria extraordinaria. Desgraciadamente también suelen tener mermada la capacidad para relacionarse con los demás, por lo que suelen aislarse y

A pesar de pertenecer a Mensa, Asimov intentó varias veces darse de baja al estar «cada vez más harto de ellos».

mantenerse alejados del mundo exterior. Curiosamente en uno sus relatos de ciencia ficción titulado «Engañabobos», el protagonista es una especie de niño superdotado llamado Mark Annuncio que carece por completo de habilidades sociales y que posee una memoria literalmente perfecta. No obstante, su principal talento consiste en ser capaz de interrelacionar de forma extraordinaria los conocimientos que absorbe y descubrir cosas que todos los demás han pasado por alto.

Diagnóstico literario (Eugenio Montale)

Durante la Segunda Guerra Mundial, el poeta italiano Eugenio Montale, cuyas obras trataban sobre la angustia existencial del ser humano, fue llamado a filas. Antes de partir para el frente, el escritor tuvo que pasar una revisión física que se presentaba difícil, ya que el médico encargado de efectuarla tenía fama de despiadado e intransigente. Cuando Montale entró en el cuarto, el facultativo agarró su ficha médica y, tras echarle un vistazo le preguntó: «¿Es usted Eugenio Montale? ¿El autor de *Huesos de sepia*?». El poeta, asustado, respondió con voz apenas audible: «Sí, señor». «Pues me alegro de conocerle», dijo el oficial. A continuación, sin tan siquiera examinarlo, escribió en la ficha: «Síndrome neurasteniforme congénito», y le permitió regresar a su casa.

El manuscrito autógrafo de *Ossi di Seppia* se encuentra actualmente conservado en el Fondo Manoscritti de la Universidad de Pavia. (Visión de la fachada principal del Aula Magna de la Universidad de Pavia.)

Las voces de la locura (Virginia Woolf)

Debido a sus numerosos antecedentes familiares, desde niña Virginia Woolf vivió aterrorizada con la idea de volverse loca, sobre todo a raíz de su primera experiencia con la depresión a la edad de trece años. Con el tiempo los episodios depresivos se hicieron cada vez más frecuentes, alternándose con breves periodos de euforia. Estos síntomas se corresponden con la psicosis maníaco-depresiva, conocida también como trastorno bipolar, y que suele tener carácter hereditario. En 1941, tras empezar a tener alucinaciones en las que oía pájaros que hablaban entre sí en griego, la escritora se llenó los bolsillos del abrigo de piedras y se ahogó en un río cercano a su casa. Previamente había dejado una nota manuscrita dirigida a su marido que decía: «Estoy convencida de que me estoy volviendo loca de nuevo. No creo que pueda pasar otra de esas espantosas temporadas. Esta vez no voy a recuperarme. Empiezo a oír voces y no puedo concentrarme.»

Amnesia postraumática (Agatha Christie)

En diciembre de 1926 la escritora Agatha Christie desapareció misteriosamente de su casa tras enterarse de que su marido había decidido abandonarla por una mujer más joven. Poco después su coche apareció abandonado cerca de un lago, lo que dio lugar a la apertura de una investigación policial y a que se especulara con la hipótesis de un suicidio. Diez días después fue descubierta en un

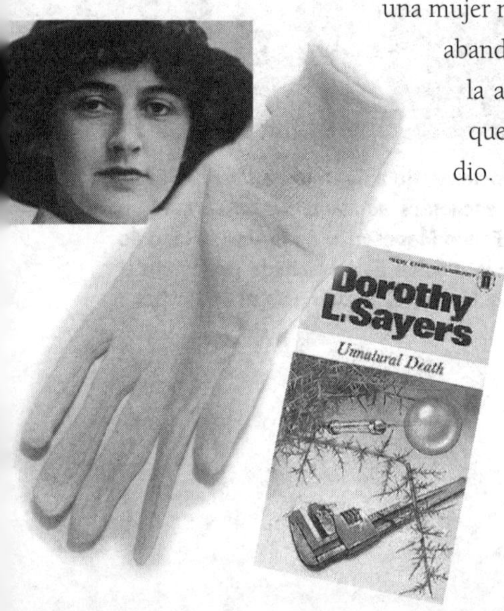

Conan Doyle y Dorothy L. Sayers intervinieron en las averiguaciones sobre la desaparición de la Reina del crimen. El primero, amante de lo oculto, le llevó un guante de la escritora a una médium para que averiguara su paradero; la segunda, visitó la escena de la desaparición, y aunque finalmente no se produjo ningún asesinato, utilizó la experiencia para incluirla en su libro *Unnatural Death* (1927).

balneario en Yorkshire, donde se había alojado desde el momento de la desaparición con un nombre diferente del suyo. Tras ser reconocida por un médico, se concluyó que había sufrido un severo episodio de amnesia provocado por el estrés que le causó la infidelidad de su marido y la muerte reciente de su madre. Aun así, muchos sugieren que la Dama del crimen quería avergonzar a su marido o, lo que es peor, convertirlo en sospechoso de asesinato.

(E. Zola)

Obsesión por los números (Émile Zola)

El célebre Émile Zola padecía lo que se denomina «desorden obsesivo compulsivo numérico», un trastorno por ansiedad caracterizado porque el paciente piensa continuamente en todo lo que tenga que ver con los números. Donde quiera que fuera, el escritor contaba las farolas y las tomas de agua y una y otra vez sentía la necesidad de sumar los números de los tranvías que se cruzaban en su camino. Asociaba las cifras con sentimientos de placer o disgusto, pues según él los múltiplos de 3 estaban íntimamente relacionados con la maldad, mientras que los del 7 traían buena suerte, aunque en su opinión el número gafe por excelencia era el 17.

(A. Strindberg)

Manía persecutoria (August Strindberg)

El dramaturgo sueco August Strindberg sufrió durante la mayor parte de su vida esquizofrenia paranoide, una terrible enfermedad que no sólo le afectó a él y a su familia, sino que también influyó significativamente en buena parte de sus obras. Así, en su inquietante novela autobiográfica *Inferno*, se figuraba víctima de diferentes conspiraciones, ya fueran de naturaleza humana o sobrenatural, cuyo objetivo era acabar con su persona. Esas manifestaciones patológicas ya estaban presentes en una novela anterior titulada *Alegato de un loco*, en la que no deja de verse continuamente atacado, engañado y perseguido, en este caso por su propia mujer. A lo largo de sus páginas el lector asiste al desmoronamiento de su matrimonio y a un creciente odio hacia su esposa que hace extensible a todo el género femenino.

(Manuel Hidalgo)

Pánico alimentario (Manuel Hidalgo)

El escritor y periodista Manuel Hidalgo confiesa que tuvo que cambiar su dieta y hasta sus hábitos alimenticios, a raíz de un ataque de ansiedad que le dejó como secuela la fobia a morir atragantado. Desde entonces con cierta frecuencia siente como si su esófago se convirtiera en un molesto tubo de cristal, lo que en alguna ocasión ha provocado que se desmaye en los brazos de su pareja.

El Difícil Oficio de escritor

El Difícil Oficio de escritor

Trabajos forzados (Tito Maccio Plauto)

Tras haberse ocupado de las tareas más diversas en varias compañías teatrales, Tito Maccio Plauto inició una carrera comercial que le llevaría a la ruina más absoluta. Desesperado, se vio obligado a trabajar empujando la rueda de un molino como un simple animal de carga. Según parece el esfuerzo le resultaba tan penoso que decidió emplear sus pocos ratos libres en escribir comedias que le permitieran salir de aquella situación. Por lo visto puso tanto empeño, que en poco tiempo se convirtió en el comediógrafo más popular del imperio romano. Murió con más setenta años dejando a sus herederos una inmensa fortuna.

Hablando se entiende la gente (Guillaume Apollinaire)

En una ocasión el escritor francés Apollinaire se encontró con un amigo de juventud y se sentó con él en un café a discutir sobre arte y poesía. Pasado un rato el poeta se levantó y dijo: «Discúlpame, tengo que ausentarme unos minutos, pero vuelvo en seguida». El amigo esperó durante una hora luego pagó la cuenta y se marchó. Cuando se encontraron de nuevo unos días después el amigo pidió explicaciones a Apollinaire. «No tenía ni una moneda en el bolsillo» respondió éste. «podías habérmelo dicho. No hubiera tenido inconveniente en hacerme cargo de la cuenta». A lo que el poeta respondió: «Es que creía que tú también estabas sin blanca».

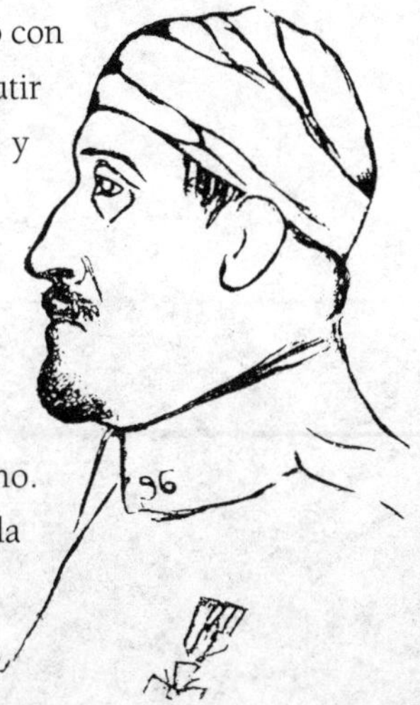

La muerte como reclamo (Pedro Luis Gálvez)

Según cuenta Pío Baroja en su relato *La caverna del humorismo*, el poeta bohemio Pedro Luis Gálvez era tan pobre que, cuando el hijo que tuvo con su esposa nació muerto, lo metió en una caja de zapatos y se paseó por las calles de Madrid pidiendo limosna para poder enterrarlo. Por lo visto entraba en las redacciones de los periódicos y en los cafés más concurridos con el cadáver corrompido y se ponía a gritar: «Apiádense de este pobre padre». La mayoría de la gente le daba dinero con tal de librarse de aquella horrible visión. Al llegar la noche, cuando había terminado su periplo por las zonas más elegantes del centro de Madrid, se gastaba el dinero emborrachándose en las tabernas de Cuatro Caminos.

Una conversación incómoda (Catherine Mansfield)

En un salón, una velada, se hablaba de dinero y la mayoría mostraban distancia e incluso disgusto al hablar del vil metal. Al final la escritora, harta de tanta hipocresía, se decidió a intervenir: «Odio el dinero», afirmó con su habitual ironía, «pero odio todavía más su falta».

«Odio el dinero, pero todavía odio más su falta.»

La paradoja de los ricos (Odgen Nash)

En una ocasión el poeta norteamericano Odgen Nash se vio envuelto en una discusión académica sobre la gente adinerada y sobre lo satisfactorio que debía de resultar tener mucho dinero. «Los ricos son todos iguales», sentenció. «Tienen lo que quieren, pero se empeñan en convencer a aquellos que no lo tienen, de que en realidad no lo quieren».

Ascenso en la escala social (Edmond Rostand)

Cuando empezaba a despuntar, Edmond Rostand, autor de *Cyrano de Bergerac*, visitó una finca con la idea de comprarla. Al descubrir que era demasiado grande y costosa para él, explicó a la dueña: «Escuche, señora. Acabo de presentar una comedia en el Théâtre Français con bastante éxito y el próximo invierno se estrenará otra. Si tiene la misma aceptación, volveré y compraré la finca». La propietaria se burló de sus pretensiones y lo echó con cajas destempladas. Un tiempo después, cuando supo del éxito de Cyrano, la dueña mandó un telegrama a Rostand para saber si seguía interesado en el inmueble. El dramaturgo le contestó lacónico: «Lo siento señora. Ahora la finca es demasiado pequeña para mí».

Marketing y poesía (Alexander Pushkin)

En una época en la que andaba corto de dinero, Alexander Pushkin recibió la visita de su zapatero. Convencido de que quería que saldara las deudas que tenía con él, el escritor ruso le advirtió inmediatamente que no podía pagarle. El artesano replicó: «No he venido por eso, sino para ofrecerle cincuenta rublos». Según parece había creado un nuevo betún para los zapatos y quería comprar un verso escrito por el autor. «Me gustaría imprimir en la caja 'más claro que el día y más oscuro que la noche'». Pushkin no se lo pensó dos veces y aceptó la oferta con entusiasmo.

Consejo incendiario (León Tolstói)

En un determinado momento de su vida Tolstói decidió que no quería ser propietario de nada y dividió sus bienes en diez partes: una para su esposa y el resto para sus nueve hijos, quedando literalmente sin blanca. Por aquel entonces, se presentó a él una joven que había heredado una gran suma de dinero y le pidió consejo sobre cómo emplearlo. «Préndale fuego», le aconsejó. «¿Cómo?», exclamó la muchacha. «Con este dinero se podrían construir hospicios y asilos para los ancianos». «Ahí está el problema —replicó Tolstói—. Los padres no deberían abandonar a sus hijos y los hijos no deberían mandar a sus padres al asilo. ¡Créame! Lo mejor que puede usted hacer es quemarlo».

Un pedigüeño afónico (Pietro Aretino)

Después de una larga espera el escritor italiano Pietro Aretino, autor de *Sonetos lujuriosos* recibió la gran suma de dinero que le debía el tesorero del Rey de Francia. Cuando por fin se la entregó, éste declaró con frialdad: «No se sorprenda si no le doy las gracias. Me he quedado sin voz de tanto pedir».

Tanto tienes, tanto vales (Honoré de Balzac)

Cuando era muy joven Balzac llevó a un editor una de sus novelas que, entusiasmado, pensó ofrecerle tres mil francos. Poco después, cuando supo que el escritor vivía en un barrio bastante humilde de la periferia, cambió de idea y acordó que bastarían dos mil. Una vez en su casa, tras descubrir que vivía en el sexto piso, se dijo a sí mismo que se contentaría con mil. Al final llegó al modesto apartamento, encontró al joven Balzac mojando un mendrugo de pan en un vaso de agua y dijo: «Aquí tiene trescientos francos por los derechos de su novela». Balzac aceptó sin rechistar.

El lupanar cervantino (Miguel de Cervantes)

Antes de que se publicara la primera parte del *Quijote*, Miguel de Cervantes pasó por serias dificultades económicas. Por aquel entonces, vivía en Valladolid rodeado de mujeres: su madre, su esposa, su hija, sus dos hermanas y la hija natural de una de ellas. En 1603, dos años antes de que viera la luz su obra maestra, apareció a las puertas del domicilio familiar un caballero navarro herido de muerte por lo que se abrió una investigación para esclarecer las causas. Días después, el juez ordenó detener a la familia cervantina al completo, tras comprobar que la casa era «un díscolo gineceo». Por lo visto todas las mujeres excepto la esposa del escritor aceptaban compensaciones económicas a cambio de favores sexuales y se las conocía, despectivamente, como «las Cervantas». Es significativo que el autor del *Quijote* permaneciera indiferente ante tantos hipotéticos agravios a su honor en un momento en que el deshonor merecía la muerte.

Falta de delicadeza (Ramón María del Valle-Inclán)

Valle-Inclán era enormemente conocido por vivir en la miseria. Apenas tenía dinero para pagarse un café y todos los días ingeniaba alguna treta para conseguirlo. El único lujo del que no se desprendió nunca era de su fiel criado, que se encargaba de sacarle de los innumerables apuros en los que se metía. Según parece en una ocasión el casero subió a su casa para cobrar el alquiler y el escritor, para no tener que pagarle, se escondió en un armario. Pese a que el criado le indicó que Valle-Inclán había salido, el casero buscó y rebuscó hasta que dio con él. Cuando lo hizo, el literato le espetó con desfachatez: «Es usted un grosero y un maleducado. Podría encontrarme aquí desnudo, y usted ha abierto la puerta sin tan siquiera llamar».

Nosotros los pobres (Scott Fitzgerald)

El novelista Scott Fitzgerald estaba obsesionado por el dinero y el lujo, no se privaba de nada, gastaba siempre por encima de sus posibilidades y se rodeaba de amigos pudientes por los que, en realidad, sentía un fuerte rencor. En una ocasión, hablando con Ernest Hemingway, le comentó: «Los ricos de verdad son muy diferentes de ti y de mí». «Efectivamente», respondió éste, «tienen más dinero». Hemingway incluyó esta conversación en la primera edición de su obra *Las nieves del Kilimanjaro* en la que incluyó sin pudor al «pobre Scott Fitzgerald». A petición del escritor, en las ediciones posteriores se omitió su nombre y se substituyó por el de «Julian».

Ojo clínico (J. K. Rowling)

Después de que el manuscrito de su libro *Harry Potter y la piedra filosofal* fuera rechazado por más de una docena de editores, en 1996 la inglesa J. K. Rowling consiguió venderlo a la editorial Bloomsbury por mil quinientas libras esterlinas. Por aquel entonces llevaba más de dos años sin empleo y sobrevivía a duras penas gracias las ayudas estatales. Una buena parte del libro fue escrita en diversas cafeterías de su barrio mientras su pequeña hija Jessica dormía en el cochecito. Además, como no tenía ordenador, tuvo que utilizar una máquina de escribir, repitiendo capítulos enteros cada vez que quería cambiar un párrafo. Tras adquirir los derechos de la obra el editor Barry Cunningham, que tardó un año en publicar el libro, decidió darle un consejo de amigo: «Mira Jo, será mejor que te busques un trabajo como Dios manda. Nunca conseguirás ganarte la vida escribiendo libros infantiles».

La saga de Harry Potter, no sólo ha logrado ser un éxito editorial, también ha obtenido grandes éxitos en la gran pantalla.

Retrato de un artista indigente (C. P. Curran)

En 1904 el abogado e historiador C. P. Curran realizó una fotografía a un jovencísimo James Joyce que, con el tiempo, se convertiría en uno de los retratos más famosos del autor. Por aquel entonces el escritor irlandés estaba atravesando un periodo de serias dificultades económicas. Años después, cuando ya se había convertido en una celebridad, un periodista preguntó a Joyce en qué estaba pensando mientras posaba para su amigo. Éste contestó sin inmutarse: «Me preguntaba si me prestaría cinco centavos».

Por un puñado de dólares (Edgar Allan Poe)

Antes de comenzar su carrera como escritor, Edgar Allan Poe trabajó como editor en diversos periódicos y revistas de las que siempre acababa despedido. Empujado por su precaria situación económica, Poe se presentó ante el director del *Graham's Magazine*, publicación para la que había trabajado, e intentó venderle un poema titulado *El cuervo*. Aunque no tenía intención de publicarlo, el señor Graham, viendo la penosa situación en la que se encontraba su antiguo empleado, decidió darle quince dólares. El poema vio la luz un año después en el *New York Evening Mirror* y su publicación lo convirtió rápidamente en una celebridad literaria. A cambio, el diario entregó a Poe la generosa cantidad de diez dólares.

Un secreto a voces (Ramón Gómez de la Serna)

Tras el estallido de la Guerra Civil Española, el escritor Ramón Gómez de la Serna decidió abandonar el país con su familia y exiliarse en Buenos Aires. Después de un largo periplo que le llevó por varias ciudades francesas, se instaló provisionalmente en Portugal, donde tenía un hermoso chalet. Para costearse el viaje, no sólo tuvo que poner a la venta su bonita casa, sino también su querida biblioteca, una colección de cientos de volúmenes que había tardado más de cuarenta años en reunir. Avergonzado por su situación, pidió discreción al librero encargado de la transacción. A los pocos días, el escritor leyó el siguiente anuncio en los periódicos: «Se vende la biblioteca del excelentísimo señor Ramón Gómez de la Serna».

(William Faulkner)

Despido procedente (William Faulkner)

Antes de convertirse en un escritor famoso y ganar el premio Nobel, el estadounidense William Faulkner salió adelante gracias a varios empleos de lo más diversos. Según parece durante un breve periodo trabajó en la oficina de correos de la Universidad de Misisipi. Al parecer fue despedido porque durante el tiempo que trabajó allí las cartas se extraviaban continuamente y la venta de sellos bajó de forma notable. La razón era que a Faulkner no le gustaba ser interrumpido cuando leía, por lo que colgó un cartel en el que decía: «Horario de oficina: miércoles de 11:20 h a 12:20 h».

(García Márquez)

Novela por entregas (Gabriel García Márquez)

Cuando acudió a la oficina de correos para enviar el manuscrito de *Cien años de soledad* a la editorial Sudamericana de Buenos Aires, Gabriel García Márquez descubrió que no tenía suficiente dinero para pagar los ochenta y dos pesos que costaba el envío del pesado paquete. Desesperado, el escritor dividió la obra en dos partes iguales y mandó una sin preguntarse siquiera cómo iba a conseguir el dinero para mandar el resto. Una vez en casa descubrió, consternado, que había cometido un terrible error: en lugar de la primera parte, había enviado la segunda. Apenas unos días después el editor, ansioso por conocer el inicio de la novela, le anticipó el dinero para que pudiera mandársela.

La elección más acertada (Karen Blixen)

Tras la muerte de su marido, que la dejó sumida en la ruina, la escritora Karen Blixen tuvo que abandonar África e intentar ganarse la vida en Europa. Cuando, años después, le preguntaron por qué había decidido dedicarse a la escritura, ésta explicó: «Tenía tres opciones, cocinar, escribir o hacerme prostituta. La de escribir me pareció la solución menos fatigosa».

Ten amigos para esto (Gabriele D'Annunzio)

En una ocasión el poeta italiano Gabriele D'Annunzio escribió una nota a un amigo pidiéndole mil liras. En vez del dinero, el poeta recibió una carta que decía así: «Cuando me llegó tu nota estaba tan necesitado que, con todo el dolor de mi corazón, la vendí por quinientas liras a una persona interesada en tu autógrafo». Cuando terminó de leerla D'Annunzio exclamó enfadado: «Al menos podía haberme dado la dirección del que lo compró. Tal vez podría venderle alguno más».

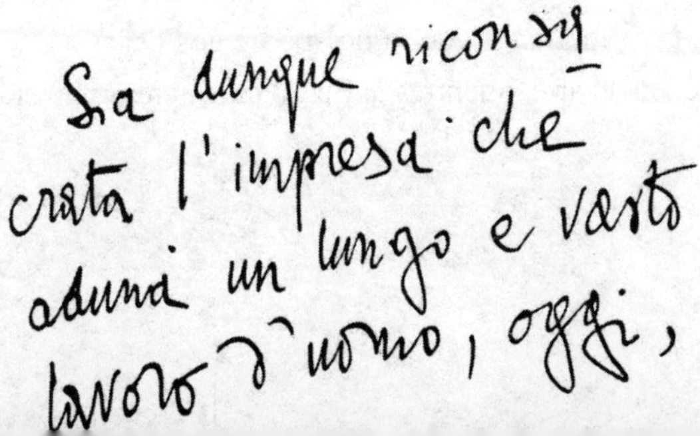
Sia dunque riconsacrata l'impresa che aduna un lungo e vasto lavoro d'uomo, oggi,

Letra autógrafa de D'Annunzio.

Un vecino agradecido (John Dos Passos)

Cuando era joven el escritor norteamericano John Dos Passos tuvo que ganarse la vida con diversos trabajos poco creativos y muy mal remunerados por lo que, cuando llegaba a casa, solía desahogarse recitando en voz alta a sus poetas favoritos. Una noche, mientras declamaba un poema de Walt Whitman, oyó una voz que gritaba: «¡Cállese de una vez!» y, al instante, entró por su ventana un zapato. El escritor respondió: «¡Pienso seguir hasta que me tire el otro zapato! ¡He descubierto que son de mi número!».

Un jornalero de la literatura (Thomas Wolfe)

El escritor Thomas Wolfe recibió por su primera novela *Look homeward, Angel* la ridícula cifra de quinientos dólares. Teniendo en cuenta que el manuscrito constaba de más de mil páginas, el autor trabajó a razón de un penique por cada cincuenta folios.

Diferencias irreconciliables (Samuel Goldwyn)

Samuel Goldwyn fue el primer productor de Hollywood que decidió contratar autores de renombre para escribir guiones cinematográficos. En una ocasión viajó a Londres con la intención de convencer a George Bernard Shaw para que trabajara para él. Tras largas conversaciones en las que Goldwyn explicó lo mucho que el arte significaba para él, el escritor decidió rechazar la oferta. Le miró fijamente a los ojos y dijo solemnemente: «Lo que intenta hacer es realmente admirable, señor Goldwyn, pero me temo que nunca podremos llegar a un acuerdo. Usted está interesado en el arte, mientras que a mí me interesa sólo el dinero».

Gazapos Literarios

Gazapos Literarios

Errores de impresión *(Don Quijote de la Mancha,* Miguel de Cervantes)

En la primera parte del *Quijote*, después de contar que a Sancho Panza le habían robado el asno, Miguel de Cervantes se olvidó por completo de este hecho y, tan sólo unas páginas más adelante, el animal reapareció en la novela sin más explicaciones. A partir de entonces Cervantes alude al asno en diversas ocasiones como si nada hubiera pasado, prolongado así el error y la confusión del lector. El escritor madrileño lo advirtió cuando el libro ya había sido publicado y, aunque quiso corregirlo en la tercera edición, lo hizo sólo en dos de los siete pasajes en que había errado, creando ciertas incongruencias que acabaron siendo objeto de burla en una comedia de Lope de Vega. Posteriormente el autor aprovechó la segunda parte de su obra para subsanar su descuido y resolvió el galimatías haciendo que Sancho culpara a los impresores de los errores del autor.

Ginés de Pasamonte, uno de los condenados a galeras que libera don Quijote durante la aventura de los galeotes, es el delincuente que realiza el hurto de rucio, tal como se aclara en la segunda parte del *Quijote*. (*Don Quijote suelta a los galeotes*, W. Hogarth.)

(Daniel Defoe)

Bolsillos fantasmas (*Robinson Crusoe*, Daniel Defoe)

En uno de los primeros capítulos de la novela de aventuras *Robinson Crusoe*, narrada por el escritor británico Daniel Defoe, el protagonista y único superviviente del naufragio se dirige a nado hasta el barco encallado para intentar recuperar algunas de las provisiones. Para ello, se quita la ropa y se sumerge en el agua completamente desnudo, pues según decía, hacía bastante calor. Curiosamente, una vez en la embarcación, al descubrir que la mayoría de los alimentos estaban secos, Crusoe no dudó en llenarse los bolsillos de galletas.

(J. R. R. Tolkien)

Toda una autoridad en materia lingüística (*El hobbit*, J. R. R. Tolkien)

Poco después de la aparición de la novela *El hobbit*, muchos críticos reprocharon a J. R. R. Tolkien, filólogo, escritor y profesor de Oxford, el haber utilizado en su obra una forma de plural para la palabra *dwarf* (duende) que, aunque está muy extendida entre los hablantes anglosajones, se considerada incorrecta. Sus detractores se consideraban con todo el derecho de hacerlo, ya que esta forma no aparece reflejada en el *Oxford English Dictionary* (OED), el principal libro de referencia de la lengua inglesa. Lo que éstos no sabían es que, como renombrado lingüista, el propio Tolkien había sido uno de los principales autores del diccionario.

(Umberto Eco)

Traduttore, tradittore (*Apocalípticos e integrados*, Umberto Eco)

En una edición española de la obra de Umberto Eco *Apocalípticos e integrados*, publicada por Random House Mondadori, el escritor hace referencia a una tira cómica llamada «Krazy Kat». Aunque los personajes de ésta son una gata enamorada y un ratón que le tira ladrillos a la cabeza, en el libro se puede leer la siguiente frase: «El gato ama locamente al topo». En realidad se trata de un gravísimo error del traductor, ya que la palabra italiana «topo» significa en realidad «ratón».

«El gato ama locamente al topo.»

Krazy Kat es una tira cómica, creada por George Herriman, que se publicó en periódicos estadounidenses entre 1913 y 1944.

Deficiente en matemáticas (*Bola de Sebo*, Guy de Maupassant)

En el relato *Bola de Sebo*, título que encumbró a Guy de Maupassant, el autor francés comete un vergonzoso error de cálculo cuando dice: «Habían marchado once horas, lo cual, con las dos horas de reposo concedidas en cuatro ocasiones a los caballos para comer avena y respirar, sumaba catorce».

Una asombrosa capacidad de aprendizaje (*De todo lo visible y lo invisible*, Lucía Etxebarría)

En su novela *De todo lo visible y lo invisible* la escritora Lucía Etxeberría cuenta que Ruth, la protagonista, domina tres idiomas, sin embargo, unas setenta páginas más adelante escribe que podía expresarse con fluidez hasta en cuatro lenguas diferentes. Según esto, la joven debía de ser un auténtico prodigio, dado que en un periodo de tiempo extremadamente corto, habría sido capaz de aprender a la perfección un idioma más.

José se llamaba el padre... (*El alquimista*, Paulo Coelho)

En su novela *El alquimista*, Paulo Coelho se refiere a la historia de José, el personaje bíblico que adivinó los sueños del faraón de Egipto, como a algo que sucedió hace dos mil años, cuando en realidad data de mucho tiempo antes, ya que estos hechos se relatan en el libro del Génesis. Con toda probabilidad Coelho confundió a este José, uno de los doce hijos de Jacob y patriarca de Israel, con el que fue padre adoptivo de Jesucristo que, efectivamente, vivió hace aproximadamente dos siglos.

José, el undécimo hijo de Jacob, explicando la interpretación del sueño del faraón de Egipto.

Un error tras otro (*El código Da Vinci,* Dan Brown)

El popular *best seller El código Da Vinci*, escrito por Dan Brown, está plagado de todo tipo de inexactitudes. En la novela, se cuenta que el albino Silas es encarcelado en Andorra y que, tras fugarse de la prisión, se introduce en un tren que pasa por ahí y que le lleva hasta Oviedo. Es bien sabido que no existe ninguna línea férrea que conecte Asturias con Andorra, y no sólo eso, sino que por Andorra no pasa ni ha pasado jamás ninguna línea férrea. Además se dice que corrió toda la noche hasta tropezar con las vías del tren, sin embargo la estación más próxima se encuentra, por carretera y contando desde el lugar en el que se encuentra la prisión, a unos setenta kilómetros. Asimismo Brown comete varios errores en cuestiones de astronomía básica, como cuando sostiene que el ciclo de Venus «traza un pentáculo perfecto a través del cielo eclíptico cada cuatro años», cuando en realidad nuestro planeta vecino completa cinco ciclos cada ocho años. Por último la referencia de que París fue fundada por los Merovingios constituye otro error garrafal. De hecho, París fue un asentamiento de la tribu gala de los parisios que data del siglo III. Para cuando los merovingios comenzaron a gobernar en Francia habían pasado al menos ochocientos años.

Cambio de apellido (*El Hombre Duplicado,* José Saramago)

En la novela de José Saramago *El Hombre Duplicado*, publicada por la editorial Alfaguara, podemos leer en la página 171 como se hace referencia a la madre del protagonista, Tertuliano Máximo Afonso, llamándola Carolina Máximo. Sin embargo, en la página 174, se vuelve a hablar de ella diciendo que su nombre era Carolina Afonso.

(Eduardo Mendoza)

Atado de pies y manos (*El laberinto de las aceitunas*, Eduardo Mendoza)

En un pasaje de *El laberinto de las aceitunas*, de Eduardo Mendoza, el protagonista cuenta: «...me dirigí al mostrador, donde un recepcionista de distinguido aspecto se estaba cortando las uñas de los pies». Instantes después el autor continúa diciendo: «'Me estás resultando tú muy golfa, Pilarín', se mofó el recepcionista lanzándome la llave y enfrascándose de nuevo en su manicura».

(Stephen King)

Escapismo (*El pasillo de la muerte*, Stephen King)

En la novela *El pasillo de la muerte* de Stephen King, obra que inspiró la película *La milla verde*, podemos hallar un fallo clamoroso que fue corregido en ediciones posteriores: en un determinado momento el protagonista y varios de sus ayudantes inmovilizan a uno de sus compañeros con una camisa de fuerza y, seguidamente, le amordazan con cinta aislante. Sin embargo, más adelante se lee que uno de los guardianes, Bruto, le arranca la cinta aislante de la boca y éste, aliviado, se restriega los labios con la mano. Es evidente que, a menos que le hubieran quitado la camisa de fuerza, era completamente imposible que realizara semejante gesto.

(Stephen Fry)

Exterminio selectivo (*Haciendo historia*, Stephen Fry)

En la singular novela de ciencia ficción escrita por el actor británico Stephen Fry, Brown dice que Dietrich Bauer, uno de los personajes, había exterminado a los judíos de la faz de la Tierra. Apenas unas líneas más abajo, cuando éste pregunta por qué no se reveló este hecho con anterioridad, se le explica que no se hizo porque los judíos de América y Canadá habrían tomado las armas. Es evidente que nunca nadie ha hecho saber a Fry que el continente americano se encuentra y se encontrará siempre sobre la faz de la Tierra.

(Indro Montanelli)

Traducción improvisada (*Historia de Roma*, Indro Montanelli)

En la magnífica *Historia de Roma* del italiano Indro Montanelli, el periodista y escritor cuenta que el poeta latino Marcial era, literalmente, «un español de Bilbao». En realidad el poeta había nacido en Bilbilis, la actual Calatayud aunque, por lo visto, Montanelli no se molestó en investigar su verdadera procedencia y optó por traducir a ojo el nombre de la ciudad.

Cara y reverso de un As del Municipium Augusta Bilbilis.

(José Carlos Somoza)

Arcos anacrónicos (*La caverna de las ideas*, José Carlos Somoza)

En el libro *La caverna de las ideas*, ambientado en la Grecia clásica, el escritor español nacido en Cuba José Carlos Somoza describe un edificio que se caracteriza, entre otras cosas, por incluir arcos. Se sabe que los griegos conocían el arco, pero se sabe también que no lo utilizaban nunca en sus edificaciones y que los únicos arcos que datan de esa época se encuentran en las bóvedas de los alcantarillados.

(Kathy Reichs)

¿Vehículo a pedales? *(La huella del diablo,* Kathy Reichs)

En la novela de misterio *La huella del diablo* la escritora Kathy Reichs cometió un terrible error de incoherencia que, sorprendentemente, nadie detectó. En un momento del relato la protagonista Temperance Brennan conoce a dos mujeres que le cuentan que son miembros de una organización que rechaza cualquier tipo de tecnología. Además, le aseguran que sólo utilizan materiales orgánicos e incluso rechazan el uso del petróleo. Poco después el líder de la secta viene a recogerlas y, para sorpresa de los lectores, aparece ni más ni menos que montado en un coche.

(Ken Follet)

Adelantados a su tiempo *(Los pilares de la tierra,* Ken Follet)

En su famosa novela *Los pilares de la Tierra* que, como casi todo el mundo sabe, está ambientada en la edad media, el escritor Ken Follet cuenta que, cuando lady Aliena sale de su casa vestida de novia para casarse con el cruel Alfred, unos vecinos le arrojaron maíz como augurio de fertilidad. No obstante Follet no tuvo en cuenta que el maíz es originario del continente americano y que por lo tanto no llegó a Europa hasta más de dos siglos después.

El maíz fue una de las primeras plantas traídas desde las Indias Occidentales por Cristóbal Colón en su segundo viaje.

Baile de fechas (*Las cenizas de Ángela*, Frank McCourt)

Según relata Alejandro Pareja, traductor de la novela *Las cenizas de Ángela*, cuando tradujo la obra de Frank McCourt, observó, entre otras cosas, que en uno de los primeros capítulos Frankie afirma que sus padres se casaron «el día de San José», sin embargo, casi al final del libro vuelve a hacer alusión a la fecha de la boda y cuenta que se celebró «el 24 de marzo». Por lo visto Pareja tuvo ocasión de comentar el error directamente con el autor y éste se mostró terriblemente consternado.

Una cicatriz en continuo movimiento (*Los tres mosqueteros*, Alejandro Dumas)

En la novela *Los tres mosqueteros*, escrita por Alejandro Dumas padre, se cuenta que el conde de Rochefort, enemigo acérrimo de D'Artagnan, tenía una llamativa cicatriz que le cruzaba la mejilla. En un capítulo posterior, en cambio, se dice que la marca se encontraba en la barbilla del malvado personaje y, tan sólo unas páginas más adelante, ésta parece haberse trasladado a la sien.

Un error lo tiene cualquiera (*Madame Bovary*, Gustave Flaubert)

A pesar de que Flaubert era un escritor extremadamente perfeccionista que repasaba una y otra vez lo que había escrito y que tardaba días enteros en completar una página, de vez en cuando también se le escapaba algún que otro gazapo. Este es el caso de su obra *Madame Bovary*, en la que la protagonista cambia hasta tres veces de color de ojos.

¡Si lo hubiera sabido! (*Harry Potter y el cáliz de fuego*, J. K. Rowling)

En la novela infantil *Harry Potter y el cáliz de fuego* escrita por Joanne Kathleen Rowling, cuando el protagonista y sus amigos regresan después de una aventura, encuentran a la señora Weasley muy preocupada. Según parece no sabía nada de ellos, de manera que exclama aliviada: «¡Estáis vivos, niños!». Sin embargo, cualquiera que haya leído los libros anteriores, sabe que la señora Weasley tiene un reloj que le indica en cualquier momento dónde está su familia, si están bien o si se encuentran en peligro de muerte.

Bibliografía

Autrey, M., *Literary Trivia*, Prion, Lon-dres, 2004.

Doval, G., *Anecdotario universal de cabecera*, Ediciones del Prado, Madrid, 2003.

E. Barrett y Mingo, J., *It takes a certain type to be a writer*, Red Wheel / Weiser, Boston, 2003.

Hamilton, J. M., *Casanova was a book lover*, Penguin Books, Nueva York, 2001.

Montero, R., *Historias de mujeres*, Alfaguara, Madrid, 1995.

Montero, R., *Pasiones*, Aguilar, Madrid, 1999.

Palazzi, F., *Il dizionario degli aneddoti*, Garzanti Editore, Milán, 1993.

Red, S., *Las mejores anécdotas humorísticas*, Robinbook, Barcelona, 2006.

Solenn, G., *Petite encyclopédie de culture général insolite*, City Éditions, París, 2008.

Vaccaro, L., *Los premios Nobel de literatura: una lectura crítica*, Secretariado de publicaciones de la Universidad de Sevilla, Sevilla, 2007.

Wiesenthal, M., *Diccionario del ingenio*, Salvat, 2000.

Zschirnt, C., *Libros: todo lo que hay que leer*, Suma de letras, Madrid, 2005.

Índice onomástico

En esta misma colección:

El viaje del escritor

Christopher Vogler

Partiendo del concepto antropológico y mitológico del «viaje del héroe» (desarrollado por Joseph Campbell y Carl G. Jung), Christopher Vogler relaciona las estructuras míticas y sus mecanismos con el arte de escribir obras narrativas y guiones de probada eficacia. Con El viaje del escritor, los escritores descubrirán, paso a paso, las líneas maestras necesarias para la estructuración de los argumentos y la concepción de personajes realistas. Además, los innovadores ejercicios que propone el autor facilitan la detección y superación de escollos, lo que redunda en una mejora de la calidad de los trabajos. Estas ideas, que han sido testadas y refinadas por guionistas profesionales, dramaturgos, novelistas, etc., robustecerán el poder del narrador de historias dotándolo con la sabiduría ancestral propia de los mitos.

Guía creativa del autor

Martin Roth

¿Qué escritor no ha sufrido alguna vez el vértigo de la página en blanco? Este libro, pletórico de sugerencias y datos útiles, ayuda a los escritores a estimular su imaginación, a generar ideas y a conseguir información que les ponga en la vía de avanzar en su trabajo. En esta edición, las 25 áreas temáticas en que se organizan estas valiosasherramientas han sido especialmente adaptadas a las referencias reales y concretas del lector español.